进出口贸易实务

主编 林兆功

山东城市出版传媒集团·济南出版社

图书在版编目(CIP)数据

进出口贸易实务/林兆功主编. —济南：济南出版社，2018.8
ISBN 978-7-5488-3276-8

Ⅰ. ①进… Ⅱ. ①林… Ⅲ. ①进出口贸易—贸易实务—高等职业教育—教材 Ⅳ. ①F740.4

中国版本图书馆 CIP 数据核字（2018）第 137311 号

出 版 人	崔　刚
责任编辑	雷　蕾
封面设计	胡大伟
出版发行	济南出版社
地　　址	济南市二环南路1号(250002)
编辑热线	0531-67883204
发行热线	0531-86131728　86922073　86131701
印　　刷	济南龙玺印刷有限公司
版　　次	2018年8月第1版
印　　次	2018年8月第1次印刷
成品尺寸	185mm×260mm　16开
印　　张	13.75
字　　数	220千
印　　数	1—3000册
定　　价	36.40元

济南版图书，如有印装质量问题，请与出版社出版部联系调换。
电话:0531-86131736

编委会

主　编：林兆功

编　委：（按姓氏笔画排序）

于　蕊	于　蕾	马　强	王建领	王继智	王善坤
王增艳	王黎明	艾文莎	卢　霞	叶　延	仪云倩
冯健康	司　薇	庄　敏	刘　冬	刘　伟	刘　霞
刘海明	刘铭钰	齐春慧	孙　亮	孙立波	孙婧祎
陈伟梅	苏艳慧	苏婷婷	李全海	李志文	李栋华
杨成宝	杨欣洁	吴海燕	吴黎霞	宋文静	张　浩
张　琪	张云峰	张可英	张可意	张聿曼	张劲青
张玺亮	林兆功	林宗良	赵　静	赵琮琮	姚　杰
徐　瑾	郭晓晨	郭继宏	诸葛福生	黄效文	梁晓霞
梁绮嫦	常清照	韩　琳	程　爽	翟宇环	翟瑞卿

前　言

为了满足财经商贸类中高职学校国际经济与贸易专业和其他相关专业教学需要，我们组织在中高等学校教学第一线的老师联合编写了《进出口贸易实务》这本教材。本教材突出应用性和实践性，可作为中高职国际贸易、市场营销、国际商务、物流管理、企业管理等专业的教材，供中高职教师及学生使用。

《进出口贸易实务》以合同磋商为基础，以货物交接为中心环节，系统地阐述了：国际贸易惯例、国际贸易术语、商品、合同、保险、货物运输、货款支付、检验、索赔理赔等内容。全书共分十一章，内容以"实务、实用、实训"为特色；理论知识的选取和阐述以"必需、够用、适用"为尺度，并注意吸收最新的研究成果和企业工作中实际需要的知识、方法，体现了理论知识与实践能力的有机结合。

为使教学更加贴近实际，方便学生理解，本教材在知识讲解过程中添加"学习目标""本章小结""课后思考"等模块，便于启发学生的思维，拓宽其知识面，提高其应用所学知识分析、解决实际问题的能力。

本教材由林兆功任主编，参加本书编写的人员有：刘铭钰编写第一、二、三章，林兆功编写第四章，冯健康编写第五、六章，常清照编写第七、八、九章，杨欣洁编写第十、十一章。最后，全书由林兆功总纂，并修改定稿。

本教材在编写过程中，得到了作者所在院校等有关单位领导、专家及部分企事业单位专家、一线工作人员的大力支持与指导，在此一并表示衷心的感谢！

由于编写时间仓促，加之编者水平有限，书中难免存在不妥之处，恳请各位专家、读者不吝批评指正。

编者
2018 年 5 月

目 录

第一章 **贸易术语与国际贸易惯例** 1

    第一节 贸易术语的概念及其发展 2

    第二节 国际贸易惯例及其性质和作用 5

    本章小结 10

第二章 **适用于各种运输方式的贸易术语** 11

    第一节 EXW 术语 12

    第二节 FCA、CPT 和 CIP 术语 14

    第三节 DAT、DAP 和 DDP 术语 20

    本章小结 25

第三章 **适用于水上运输方式的贸易术语** 26

    第一节 FAS 术语 27

    第二节 FOB、CFR 和 CIF 术语 29

    第三节 常用贸易术语的变形 36

    本章小结 38

第四章 **商品** 39

    第一节 品名 40

第二节	品质	43
第三节	数量	49
第四节	包装	54
本章小结		60

第五章　交易前的准备工作　61

第一节	出口交易前准备工作	62
第二节	进口交易前准备工作	70
本章小结		72

第六章　交易磋商与合同签订　73

第一节	交易磋商概述	74
第二节	交易磋商一般程序	76
第三节	书面合同的签订	88
本章小结		98

第七章　国际货物运输　99

第一节	运输方式	100
第二节	运输单据	114
第三节	合同中的运输条款	124
本章小结		128

第八章　国际货物运输保险　129

第一节	保险当事人与保险基本原则	130
第二节	海洋运输货物保险承保范围	133
第三节	我国海洋运输货物保险的险别	136
第四节	我国陆运、空运与邮运货物保险险别	143
第五节	伦敦保险业协会海运货物保险条款	146

本章小结 ………………………………………………………………………… 149

第九章　国际货款的支付

　　第一节　支付工具 ……………………………………………………………… 151
　　第二节　汇付与托收 …………………………………………………………… 157
　　第三节　信用证 ………………………………………………………………… 165
　　第四节　银行保函 ……………………………………………………………… 179
　　第五节　国际保理 ……………………………………………………………… 183
　　本章小结 ………………………………………………………………………… 185

第十章　商品检验

　　第一节　商检的内涵与商检条款内容 ………………………………………… 187
　　第二节　商检证书 ……………………………………………………………… 192
　　第三节　合同中的商检条款 …………………………………………………… 194
　　本章小结 ………………………………………………………………………… 195

第十一章　索赔、仲裁与不可抗力

　　第一节　争议、索赔与理赔 …………………………………………………… 197
　　第二节　仲裁与诉讼 …………………………………………………………… 202
　　第三节　不可抗力 ……………………………………………………………… 206
　　本章小结 ………………………………………………………………………… 208

参考文献 …………………………………………………………………………… 209

第一章 贸易术语与国际贸易惯例

【学习目标】
1. 了解国际贸易术语的含义和作用及其产生与发展。
2. 了解主要的国际贸易惯例，掌握其性质和作用。

在国际货物买卖中，交易双方通过磋商，确定各自应承担的义务。作为卖方，其主要义务是提交合格的货物和单据；买方的对等义务则是受领货物和单据并支付货款。在货物交接过程中，有关风险、责任和费用的划分问题，也是交易双方在谈判和签约时需要明确的重要内容，通常将这些称作交货条件（Delivery Terms）。交货条件与商品的价格密切相关，关系到合同当事人的切身利益。在实际业务中，对于上述问题，往往通过使用的贸易术语加以确定。可见学习和掌握国际贸易中现行的各种贸易术语及其有关的国际惯例，具有十分重要的意义。

第一节　贸易术语的概念及其发展

一、贸易术语的含义和作用

国际贸易具有时间长、地区广、环节多、风险大的特点。货物从起运地到目的地通常要经过长距离运输，通过多道关卡，多次交接手续。期间，货物由于遭遇海上风险和外来风险而产生损失的风险相比国内贸易更大。为了明确贸易双方各自承担的责任、义务，进出口双方在贸易磋商时，需考虑以下 5 个问题：

（1）卖方在何时、何地以何种方式交货？
（2）货物发生损失的风险何时由卖方转移给买方？
（3）采用何种运输方式来完成货物的传递？
（4）由谁负责办理货物的运输、保险和通关手续并承担相关的费用？
（5）贸易双方需要交接何种相关单据？

在贸易实践中，上述问题必须明确，贸易术语则是为解决这些问题，在长期的国际贸易实践中逐渐产生和发展起来的。在国际贸易中，确定商品价格，不仅取决于商品的成本，还要考虑到商品从产地运至最终目的地的过程中，相关手续由谁办理、风险如何划分等一系列问题。因此，贸易术语具有两个基本作用。一方面，它可确定交货条件，即说明进出口双方在交接货物时各自承担的风险、责任和费用；另一方面，其可表示该商品的价格构成。这两者是紧密相关的。

综上所述，贸易术语是在长期的国际贸易实践中产生的，用来表明商品的价格构成，说明货物交接过程中有关的风险、责任和费用划分问题的专门用语。

贸易术语在国际贸易中的作用可以归纳为以下几点：

（1）每种贸易术语都有其特定的含义，一些国际惯例对各种贸易术语也做了统一的解释和规定，这些解释与规定在国际上被广泛接受，成为从事国际贸易的行为准则。因此，买卖双方只要商定按何种贸易术语成交，即可明确彼此在货物交接方面所应承担的风险、责任和费用。这就大大简化了交易手续，缩短了洽商时间，从而节约了费用开支。

(2) 由于贸易术语可以表示商品的价格构成因素，所以，买卖双方确定成交价格时必然要考虑采用的贸易术语中包含哪些从属费用，如运费、保险费、装卸费、关税、增值税和其他费用，这就有利于交易双方进行比价和加强成本核算。

(3) 买卖双方签约时，可能对某些涉及权利和义务的问题规定得不明确，致使履约中产生的争议不能依据合同的规定解决，这种情况下，可以援引有关贸易术语的一般解释来处理。所以，熟练掌握国际贸易中的各种贸易术语，有利于妥善解决贸易争端。

二、贸易术语的产生与发展

国际贸易起源于奴隶社会，它是随着商品交换跨越国界而产生的，然而贸易术语却是国际贸易发展到一定历史阶段的产物。据有关史料记载，中世纪时，海外贸易的主要形式是，商人自己备船将货物运到国外，在当地市场直接销售或亲自到国外采购货物然后运回国内。还有的是两者兼顾，在售出货物的同时，购进所需的货物。不论哪种方式，都是由货主自己承担货物在长途运输中的全部风险、责任和费用。这些做法是与当时的商品经济发展水平相适应的，那时还没有关于贸易术语的记载。18世纪末、19世纪初，出现了装运港船上交货的术语，即 Free on Board (FOB)。据有关资料介绍，当时所谓的FOB，是指买方事先在装运港口租定一条船，并要求卖方将其售出的货物交到买方租好的船上。买方自始至终在船上监督交货的情况，并对货物进行检查，如果他认为货物与他先前看到的样品相符，就在当时当地偿付货款。这一描述的情景虽然有别于今天使用的凭单交货的FOB术语，但可以说它是FOB的雏形。随着科学技术的进步，运输和通信工具的发展，国际贸易的条件发生了巨大的变化，为国际贸易服务的轮船公司、保险公司纷纷成立，银行也参与了国际贸易结算业务。到19世纪中叶，以CIF为代表的单据买卖方式逐渐成为国际贸易中最常用的贸易做法。国际贸易术语在长期的贸易实践中，无论在数量、名称及其内在含义方面，都经历了很大的变化。随着贸易发展的需要，新的术语应运而生，旧的术语则逐渐被淘汰。例如，国际商会于1936年制定并于1953年修订的《国际贸易术语解释通则》（简称《通则》）中只包括了9种贸易术语，后来，由于业务发展的需要，《通则》做了多次修订。为适应航空货运业务的发展，增加了启运地机场交货术语（FOA）；为适应集装箱多式联运业务的要求，增加了货交承运人（FRC）等术语。当《1980通则》问世时，它所包含的贸易术语已增加到14种。在20世纪80年代中期，随着科学技术的飞速发展，通过电脑进行的电子数据交换在发达国家得到日益广泛的运用，集装箱多式联运业务也在国际货物运输中进一步普及。为适应这种新的形势，国际商会又于1990年推出了

《1990通则》，简称《90通则》。在《90通则》中，删除了仅适用于单一运输方式的铁路交货（FOR/FOT）和启运地机场交货，增加了未完税交货（DDU）。这样，将原来的14种术语改为13种，并且对部分术语的国际代码做了适当的改动，对各种贸易术语的解释更加系统化、条理化和规范化。20世纪90年代后期，国际商会又根据新技术革命和国际贸易发展的需要，对已使用了十年的《90通则》做了进一步的修订，在此基础上推出了《2000通则》。新通则保留了原来的13种术语，只是在对当事人的有关义务的规定方面做了适当的变更。后来，国际商会又根据形势发展的需要，在广泛征求意见的基础上，对《2000通则》进行了修订，增删了部分术语，将原来的13种术语改为11种，并由此产生了《2010通则》。以上事实充分说明贸易术语是在贸易实践中产生的，促进了贸易的发展，并且随着贸易实践的发展变化而变化。

第二节 国际贸易惯例及其性质和作用

一、关于贸易术语的国际贸易惯例

贸易术语是在国际贸易实践中逐渐形成的，初期由于在国际上没有形成对各种贸易术语的统一解释，不同国家和地区的贸易双方在使用贸易术语时，对其有不同的理解。这就引发当事人之间的误解、争议和诉讼，降低了国际贸易的效率，也影响了国际贸易的发展。为解决这一问题，国际商会、国际法协会等国际组织以及美国一些著名商业团体经过长期的努力，分别制定了解释国际贸易术语的规则，这些规则在国际上被广泛采用，因而形成了一般的国际贸易惯例。

现行的有关贸易术语的国际贸易惯例主要有三种，即《1932年华沙—牛津规则》《1990年美国对外贸易定义修订本》和《2010年国际贸易术语解释通则》。

(一)《1932年华沙—牛津规则》(Warsaw – Oxford Rules 1932)

《1932年华沙—牛津规则》是国际法协会专门为解释CIF合同而制定的。19世纪中叶，CIF贸易术语开始在国际贸易中得到广泛采用，然而对使用这一术语时买卖双方各自承担的具体义务，并没有统一的规定和解释。对此，国际法协会于1928年在波兰首都华沙开会，制定了关于CIF买卖合同的统一规则，称之为《1928年华沙规则》，共包括22条。其后，在1930年的纽约会议、1931年的巴黎会议和1932年的牛津会议上，将此规则修订为21条，并更名为《1932年华沙—牛津规则》，沿用至今。这一规则对于CIF的性质、买卖双方所承担的风险、责任和费用的划分以及所有权转移的方式等问题都做了比较详细的解释。

(二)《1990年美国对外贸易定义修订本》(Revised American Foreign Trade Definitions 1990)

《1990年美国对外贸易定义修订本》(简称《美国对外贸易定义》)是由美国几个商业团体制定的。它最早于1919年在纽约制定，原称为《美国出口报价及其缩写多例》。后来于1941年在美国第27届全国对外贸易会议上对该条例做了修订。这一修订本经美国商会、美国进口商协会和全国对外贸易协会所组成的联合委员会通过，由全国对外贸易协会予以公布，1990 年，根据形势发展的需要，该规定被再次修订并被命名为《1990 年美国对外贸易定义修订本》。

《1990 年美国对外贸易定义修订本》中所解释的贸易术语共有 6 种，分别为：

(1) EXW（Ex Works）（产地交货）；

(2) FOB（Free on Board）（在运输工具上交货）；

(3) FAS（Free Alongside Ship）（在运输工具旁边交货）；

(4) CFR（Cost and Freight）（成本加运费）；

(5) CIF（Cost, Insurance, Freight）（成本、保险费、运费）；

(6) DEQ（Delivered Ex Quay）（目的港码头交货）。

《美国对外贸易定义》主要为美洲一些国家采用，由于它对贸易术语的解释，特别是对第 2 和第 3 种术语的解释与《通则》有明显的差异，因此，在同美洲国家进行交易时应加以注意。

(三)《2010 年国际贸易术语解释通则》（INCOTERMS 2010）

《国际贸易术语解释通则》原文为 International Rules for the Interpretation of Trade Terms，简称 INCOTERMS，它是国际商会为了统一对各种贸易术语的解释而制定的。最早的《通则》产生于 1936 年，后来进行过多次修订。现行的《2010 通则》于 2010 年 10 月修订完成，并于 2011 年 1 月 1 日起生效。国际商会注意到近年来贸易发展的一个重要趋势，即许多国家的企业将原本只适用于国际贸易的贸易术语在国内贸易中也大量运用。国际商会决定接受这一现实，在修订时对术语的解释做了相应的调整。另外，《2010 通则》还根据各国代表的意见，对《2000 通则》中的贸易术语进行分类整合，对术语的内容进一步完善，使之更方便使用。

《2010 通则》对《2000 通则》的修改从形式上看主要有以下几个方面：

1. 对部分贸易术语进行了删改

《2000 通则》中包含有 13 种术语，它们分别是 EXW（工厂交货）、FCA（货交承运人）、FAS（装运港船边交货）、FOB（装运港船上交货）、CFR（成本加运费）、CIF（成本、保险费加运费）、CPT（运费付至指定目的地）、CIP（运费、保险费付至指定目的地）、DAF（边境交货）、DES（目的港船上交货）、DEQ（目的港码头交货）、DDU（未完税交货）和 DDP（完税后交货）。《2010 通则》删去了 DAF、DES 和 DDU 代之以新增加的 DAP（目的地交货）。另外，删去了 DEQ 代之以 DAT（运输终端交货）。

2. 改变了原来的术语分类标准

《2000 通则》将其包含的 13 种术语，按照起始字母的不同分为 E、F、C、D 四个组。E 组只包括一种贸易术语 EXW。F 组包括 FCA、FAS 和 FOB 三种术语。C 组包括 CFR、CIF、CPT、CIP 四种术语。D 组包括五种术语，它们是 DAF、DES、DEQ、DDU 和 DDP。

《2010 通则》不再按 E、F、C、D 分组，而是根据它们适用的运输方式分为两类，即适用于各种运输方式的术语和仅适用于水上运输方式的术语。按照新的分类，适用于各种运输方式的术语包括：EXW、FCA、CPT、CIP、DAT、DAP 和 DDP 七种；仅适用于水上运输方式的术语包括：FAS、FOB、CFR 和 CIF 四种。

3. 在具体解释每种贸易术语的开篇部分，增加了一个使用指导

使用指导具体解释了该种术语适用何种运输方式、卖方何种情况下完成交货、风险何时转移、费用如何划分等基本问题，但不构成术语实际规则的组成部分。增加这一部分内容主要是为了帮助贸易主体根据具体的交易情况准确、高效地选择贸易术语。

4. 将每种贸易术语买卖双方各自承担义务的排列方法进行了调整

《2000 通则》将每种贸易术语项下卖方和买方各自应承担的义务相互交叉对比纵向排列，即在规定卖方每一项义务后，紧接着规定买方的相对应的义务。《2010 通则》则改为《1990 通则》的表述方式，不再纵向交叉对比，而是横向比较，如下所示：

A. 卖方义务（THE SELLER'S OBLIGATIONS）

B. 买方义务（THE BUYER'S OBLIGATIONS）

A1 卖方一般义务	B1 买方一般义务
A2 许可证、授权、安检通关和其他手续	B2 许可证、授权、安检通关和其他手续
A3 运输合同与保险合同	B3 运输合同与保险合同
A4 交货	B4 收取货物
A5 风险转移	B5 风险转移
A6 费用划分	B6 费用划分
A7 通知买方	B7 通知卖方
A8 交货凭证	B8 交货证据
A9 查对—包装—标记	B9 货物检验
A10 协助提供信息及相关费用	B10 协助提供信息及相关费用

在进行国际贸易时，当事人除了订立买卖合同外，还往往要涉及运输合同、保险合同、融资合同等。这些合同相互关联，互相影响，但《2010 通则》只限于对货物买卖合同中交易双方权利和义务的规定。作为买卖合同的卖方，其基本义务可概括为交货、交单和转移货物的所有权，而《2010 通则》也仅仅涉及前两项内容，而且它不涉

及货物的价格和所有权问题，也不涉及违约和它产生的后果问题。对于后面这些问题，当事人可以在合同中做出明确具体的规定。另外，国际商会还提醒交易的当事人注意地方法规的强制性规定，因为它们有时会导致合同条款以及所选择的通则失效。

在有关贸易术语的国际贸易惯例中，《通则》包括内容最多、使用范围最广。近年来，国际商会也感觉到《通则》在世界范围内的影响越来越大，因此，在进行最近的修订时力图保持它的相对稳定性。另外，要注意《2010通则》实施之后并非《2000通则》就自动废止，当事人在订立贸易合同时仍然可以选择适用《2000通则》甚至《1990通则》。

国际商会在推出《2010通则》时还提醒贸易界人士，由于《通则》已多次变更，如果当事人愿意采纳《2010通则》，应在合同中特别注明，本合同受《2010通则》的管辖。

二、国际贸易惯例的性质和作用

前已述及，国际贸易惯例是国际组织或权威机构为了减少贸易争端，规范贸易行为，在贸易实践的基础上制定出来的。因此，贸易惯例与习惯做法是有区别的。国际贸易业务中反复实践的习惯做法经过权威机构加以总结、编纂与解释，从而形成了国际贸易惯例。美国《统一商法典》对惯例的解释是："一项贸易惯例是在某一地方、某一行业或贸易中所惯常奉行的某种做法或方法，并以之判定发生争议的交易中应予奉行的所期望的行为模式。"

国际贸易惯例的适用是以当事人的意思自治为基础的，因为，惯例本身不是法律，它对贸易双方不具有强制性约束力，故买卖双方有权在合同中做出与某项惯例不一致的规定。只要合同有效成立，双方均要履行合同规定的义务，一旦发生争议，法院和仲裁机构也要维护合同的有效性。但是，国际贸易惯例对贸易实践仍具有重要的规范作用。这体现在，一方面，如果双方都同意采用某种惯例来约束该项交易，并在合同中做出明确规定时，那么这项约定的惯例就具有了强制性。《1932年华沙—牛津规则》在总则中说明，这一规则供交易双方自愿采用，凡明示采用《1932年华沙—牛津规则》者，合同当事人的权利和义务均应援引本规则的规定办理。经双方当事人明示协议，可以对本规则的任何一条进行变更、修改或增添。如本规则与合同发生矛盾，应以合同为准。凡合同中没有规定的事项，应按本规则的规定办理。在《1990年美国对外贸易定义修订本》中也有类似规定："此修订本并无法律效力，除非由专门的立法规定或为法院判决所认可。因此，为使其对各有关当事人产生法律上的约束力，建议买方与卖方接受此定义作为买卖合同的一个组成部分。"国际商会在《2010通则》的引言中指出，如果想在合同中使用INCOTERMS 2010，应在合同中用类似词语做出明确表示,"所选用的国际贸易术语,包括写明地点,标明 INCOTERMS 2010"。许多大宗交易的合同中也都做出采用何种规则的规定,这有助于避免对贸易术语的不同解释而引起的争议。另一方面,如果双方在合同中既未排除,也未注明该合同适用某项惯例,在合同执行中发生争议时,受理该争议案的司法和仲裁机构也往往会引用某一国际贸易惯例进行判决或裁决。对此,《联合国国际货物销售合同公约》指出,(1) 双方当事人业已同意的任何惯例和之间确立的任何习惯做法,对双方当事人有约束力;(2) 除非另有协议,双方当事人应视为默示地同意对他们的合同或合同的订立适用双方当事人已经知道或理应知道的惯例。而这种惯例,在国际贸易中,已为有关特定贸易所涉同类合同的当事人所广泛知道并为他们所经常遵守。

由此可见,国际贸易惯例虽然不具有强制性,但它对国际贸易实践的规范作用却不容忽视。不少贸易惯例被广泛采纳、沿用,说明它们是行之有效的。在我国的对外贸易中,在平等互利的前提下,适当采用这些惯例,有利于外贸业务的开展,而且,通过学习掌握有关国际贸易惯例的知识,可以帮助我们避免或减少贸易争端,即使在发生争议时,也可以引用某项惯例,争取有利地位,减少不必要的损失。

本章小结

本章主要讲述了贸易术语和国际贸易惯例的发展历程，贸易术语和国际贸易惯例来源于漫长的国际贸易实践，其从实践中来，经国际组织和权威机构的整理，得以产生，并在实践中进一步应用和变化。国际贸易惯例不是法律，没有法律的强制约束力，其采纳和使用也都是基于贸易双方的自愿，其存在和发展对约束贸易双方的行为、减少贸易双方的分歧起到了有益的作用。在此，需要注意的是，虽然贸易惯例没有强制力，但是，贸易主体将国际贸易惯例写入合同条款后，作为合同条款的一部分，惯例就具有了约束力和强制力。

【课后思考】
1. 常见的国际贸易惯例有哪些？
2. 贸易术语在国际贸易中扮演什么样的角色？
3. 国际贸易惯例和法律有什么区别？

第二章 适用于各种运输方式的贸易术语

【学习目标】

1. 掌握 EXW 贸易术语关于买卖双方的义务规定及其使用时注意的问题。

2. 掌握 FCA、CPT 和 CIP 贸易术语关于买卖双方的义务规定及其使用时注意的问题。

3. 掌握 DAT、DAP 和 DDP 贸易术语关于买卖双方的义务规定及其使用时注意的问题。

4. 在实践能够熟练运用本章的贸易术语。

按照国际商会《2010 通则》新的解释，在十一种贸易术语中，适用于各种运输方式的术语有七种，它们分别为：EXW、FCA、CPT、CIP、DAT、DAP 和 DDP。这些术语在风险、责任和费用的划分方面，又各有不同的特点。

第一节 EXW 术语

在《2010 通则》中，EXW 的英文全文为 Ex Works（insert named place of delivery），中文意思是工厂交货（插入指定交货地点），其后应注明 2010 年国际贸易术语解释通则或 INCOTERMS 2010。

这一贸易术语代表了在商品的产地或所在地交货条件。当卖方在合同约定的交货时间内在其所在地或其他指定地点，如工厂、矿山或仓库等，将合同规定的货物置于买方的处置之下时，完成交货。此外，卖方要提交商业发票以及合同要求的其他单证。

一、关于买卖双方义务的规定

按照 EXW 术语成交，有关风险转移、主要责任和费用划分等问题可归纳如下：

（一）风险转移问题

卖方承担将货物交给买方控制之前的风险，买方承担货物交给其控制之后的风险。也就是说以买方在交货地点控制货物作为风险转移的界限。

（二）通关手续问题

买方自负风险和费用，取得出口和进口许可证或其他官方批准证件，并且办理货物出口和进口所需的一切海关手续。

卖方根据买方的要求，并由其承担风险和费用的前提下，必须协助买方取得出口许可证或出口相关货物所需的其他官方授权。

（三）运输合同和保险合同

卖方对于买方无订立运输合同的义务。同样，买方对卖方也无订立运输合同的义务。

卖方对买方无订立保险合同的义务。但应买方的要求，并由其承担风险和费用的情况下，卖方必须向买方提供其办理保险所需的信息。

（四）主要费用的划分

卖方承担交货之前与货物相关的一切费用。

买方承担接受货物后所发生的一切费用,包括将货物从交货地点运往目的地的运输、保险和其他各种费用,以及办理货物出口和进口的一切海关手续所涉及的关税和其他费用。

(五) 适用的运输方式

适用于各种运输方式,包括公路、铁路、江河、海洋、航空运输以及多式联运。从上述规定来看,按这一贸易术语达成的交易,可以是国内贸易,也可以是国际贸易。因为卖方一般是在本国完成交货,其所承担的风险、责任和费用也都局限于出口国内,即使是在国际贸易中,卖方也不必过问货物出境、入境及运输、保险等事项,由买方自己安排车辆或其他运输工具到约定的交货地点接运货物,所以,在卖方与买方达成的契约中可不涉及运输和保险的问题。而且,除非合同中有相反规定,卖方一般无义务提供出口包装,也不负责将货物装上买方安排的运输工具。如果签约时已明确该货物是供出口的,并对包装的要求做出了规定,卖方则应按规定提供符合出口需要的包装。由此可见,按 EXW 术语成交时,卖方承担的风险、责任以及费用都是最小的。在交单方面,卖方只需提供商业发票或电子数据,如合同有要求,需提供证明所交货物与合同规定相符的证件。至于货物出境所需的出口许可证或其他官方证件,卖方无义务提供。但在买方的要求下,并由买方承担风险和费用的情况下,卖方应协助买方取得上述证件。

二、使用 EXW 术语时应注意的问题

(一) 关于货物的交接问题

买卖双方在订约时,一般要对交货的时间和地点做出规定。为了做好货物的交接,卖方在货物备妥后,还应就货物将在何时、何地交给买方支配问题,向买方发出通知。如果双方约定,买方有权确定在一个规定的时间、地点受领货物时,买方应及时通知卖方,以免延误交货或引起其他差错。如果买方没有能够在规定的时间、地点受领货物,或者在他有权确定受领货物的时间、地点时,没有及时给予适当通知,那么,只要货物已被特定化为本合同项下的货物,买方就要承担由此产生的费用和风险。

(二) 关于办理出口手续的问题

前已述及,在 EXW 条件下,办理货物出口手续的责任也在买方,尽管有时可要求卖方代办,但货物被禁止出口的风险由买方承担。因此,在成交之前,买方应了解出口国政府的有关规定,例如是否允许在该国无常驻机构的当事人在该国办理出口结关手续。当买方无法做到直接或间接办理货物的出境手续时,则不应采用这一贸易术语成交。在这种情况下,按照《2010 通则》的解释,最好采用 FCA 术语。

第二节　FCA、CPT 和 CIP 术语

本节介绍的三种贸易术语 FCA、CPT 和 CIP 都是向承运人交货的术语。

一、FCA 术语

(一) FCA 术语的含义

FCA 的英文全文为 Free Carrier (insert named place of delivery)，中文意思是货交承运人（插入指定交货地点），其后应注明 2010 年国际贸易术语解释通则或 INCOTERMS 2010。

根据《2010 通则》的解释，按 FCA 条件成交时，卖方要在合同中约定的日期或期限内在其所在地或其他约定地点把货物交给买方指定的承运人，即完成其交货义务。此外，卖方要提交商业发票以及合同要求的其他单证。

(二) 关于买卖双方义务的规定

1. 风险转移问题

卖方承担将货交承运人控制之前的风险，买方承担将货交承运人控制之后的风险。

2. 通关手续问题

（1）卖方自负风险和费用，取得出口许可证或其他官方批准证件，并且办理货物出口所需的一切海关手续。

（2）买方自负风险和费用，取得进口许可证或其他官方批准证件，并且办理货物进口以及通过第三国过境所需的一切海关手续。

3. 运输合同和保险合同

（1）卖方对买方无订立运输合同的义务。但如果买方有要求，并在由买方承担风险和费用的情况下，卖方可以按照通常条件订立运输合同。

（2）卖方对买方无订立保险合同的义务。但应买方的要求，并在由其承担风险和费用的情况下，卖方必须向买方提供其办理保险所需的信息。

4. 主要费用的划分

（1）卖方承担在交货地点交货前所涉及的各项费用，包括办理货物出口所应交纳的关税和其他费用。

（2）买方承担在交货地点交货后所涉及的各项费用，包括办理货物进口所涉及的关税和其他费用。此外，买方要负责签订从指定地点承运货物的合同，支付有关的运费。

（三）使用 FCA 术语应注意的问题

1. 关于承运人和交货地点

FCA 条件下，通常是由买方安排承运人，与其订立运输合同，并将承运人的情况通知卖方。这里所说的承运人可以是拥有运输工具的实际承运人，可以是运输代理人或其他人。按照《2010 通则》，如果双方约定的交货地点是在卖方所在地，卖方要负责把货物装上买方安排的承运人提供的运输工具；如果交货地点是在其他地点，卖方只需将货物交给承运人，在卖方运输工具上即完成交货义务。《2010 通则》特别建议交易双方尽可能写明指定交货地的交货点。如果在约定地点没有明确具体的交货点，或者有几个交货点可供选择，卖方可以从中选择为完成交货义务最适宜的交货点。

2. FCA 条件下风险转移的问题

在采用 FCA 术语成交时，买卖双方的风险划分是以货交承运人为界。采用 FCA 条件成交时，通常情况下是由买方负责订立运输契约，并将承运人名称及有关事项及时通知卖方，卖方才能如约完成交货义务，并实现风险的转移。而如果买方没有及时给予卖方上述通知，或者他所指定的承运人在约定的时间未能接受货物，其后的风险是否仍由卖方承担呢。《2010 通则》的解释是，自规定的交付货物的约定日期或期限届满之日起，若无约定日期的，则按卖方完成交货时的通知日期起算，由买方承担货物灭失或损坏的一切风险，但以货物已被划归本合同项下为前提条件。

3. 有关责任和费用的划分问题

FCA 适用于包括多式联运在内的各种运输方式，卖方交货的地点也因采用的运输方式不同而异。有时，卖方须在出口国的内陆，如车站、机场或内河港口，办理交货。不论在何处交货，根据《2010 通则》的解释，卖方都要自负风险和费用，取得出口许可证或其他官方批准证件，并办理货物出口所需的一切海关手续。这一规定对于一些在出口国的内地口岸就地交货和交单结汇的做法是恰当的。

按照 FCA 术语成交，一般是由买方自行订立从指定地点承运货物的合同，但是，如果买方有要求，并在买方承担风险和费用的情况下，卖方也可以代替买方指定承运人并订立运输合同。当然，卖方也可以拒绝订立运输合同，如果拒绝，应立即通知买方，以便买方另行安排。

二、CPT 术语

(一) CPT 术语的含义

CPT 的英文全文为 Carriage Paid To (insert named place of destination), 中文意思是运费付至（插入指定目的地），其后应注明 2010 年国际贸易术语解释通则或 INCOTERMS 2010。

根据《2010 通则》的解释，按 CPT 条件成交时，卖方要在合同中约定的日期或期限内，将合同中规定的货物交给卖方自己指定的承运人或第一承运人，即完成其交货义务。此外，卖方要提交商业发票以及合同要求的其他单证。

(二) 关于买卖双方义务的规定

1. 风险转移问题

卖方承担货交给承运人控制之前的风险，买方承担货交给承运人控制之后的风险。

2. 通关手续问题

（1）卖方自负风险和费用，取得出口许可证或其他官方批准证件，并且办理货物出口所需的一切海关手续。

（2）买方自负风险和费用，取得进口许可证或其他官方批准证件，并且办理货物进口及通过第三国过境所需的一切海关手续。

3. 运输合同和保险合同

（1）卖方有义务按照通常条件订立运输合同，将货物从交货地点运送到约定的目的地。

（2）卖方对买方无订立保险合同的义务。但应买方的要求，并在其承担风险和费用的情况下，卖方必须向买方提供其办理保险所需的信息。

4. 主要费用的划分

（1）卖方承担在交货地点交货前所涉及的各项费用，包括需要办理出口手续时所应交纳的关税和其他费用。此外，卖方要支付将货物运至指定地点的运费以及根据合同规定由卖方支付的装货费和在目的地的卸货费。

（2）买方承担在交货地点交货后与货物相关的除运费之外的各项费用，包括办理进口手续时所应交纳的关税和其他费用。

(三) 使用 CPT 术语时应注意的问题

1. 风险划分界线

按照 CPT 术语成交，虽然卖方负责订立起运地到目的地的运输合同，并支付运费，但是卖方承担的风险并没有因此而延伸至目的地。按照《2010 通则》的解释，CPT 条件下,有两个关键点,即风险转移点和费用转移点。风险转移点在先,而费用转移点在后。因此,货物自交货地点至目的地的运输途中的风险由买方承担,而不是卖方,卖方仅仅承担货物交给承运人控制之前的风险。在多式联运方式下,卖方承担的风险是自货物交给第一承运人控制时即转移给买方。

2. 责任和费用的划分

采用 CPT 术语时,买卖双方要在合同中规定装运期和目的地,以便卖方选定承运人,自费订立运输合同,将货物由通常线路和惯常方式运往指定的目的地,一旦买方有权决定发货时间或决定目的地时,买方要及时通知卖方,以便卖方交货。卖方将货物交给承运人之后,应向买方发出已交货通知,便于买方及时办理保险以及在目的地受领货物。如果双方未明确目的地买方受领货物的具体地点,那么卖方可以在目的地自行选择最合适其要求的地点。

按照 CPT 术语成交,卖方只是承担从交货地点到指定目的地的正常运费。而正常运费之外的其他有关费用,则一般由买方承担。对于货物的装卸费,可以包括在运费中,统一由卖方负担,也可以由双方在合同中另行规定。

3. CPT 与 FCA 的异同点

按两种术语成交,卖方的交货地点是相同的,都是在约定地点将货物交给承运人控制后完成交货。同时,风险转移的界线也是相同的,卖方承担的风险都是在交货地点随着交货义务的完成而转移。另外,这两种术语都可适用于多种运输方式。

CPT 与 FCA 的主要区别在于责任和费用的划分不同。采用 FCA 术语成交时,从交货地点到目的地的运输合同由买方订立,运费也由买方承担。而在采用 CPT 术语时,订立运输合同的责任则改为卖方,运费也由卖方负担。在保险方面的规定,两者相同,如果需要办理保险也是由买方自负风险和费用办理,与卖方无关。

三、CIP 术语

(一) CIP 术语的含义

CIP 术语的英文全文为 Carriage and Insurance Paid To (insert named place of destination),中文意思是运费、保险费付至(插入指定目的地)。其后应注明 2010 年国际贸易术语解释通则或 INCOTERMS 2010。

根据《2010 通则》的解释,按 CIP 条件成交时,卖方要在合同中约定的日期或者期限内,将合同中规定的货物交给卖方自己指定的承运人或第一承运人,即完成其交货义务。除此之外,卖方还必须订立货物运输的保险合同。另外,卖方要提交商业发票以及合同要求的其他单据。

（二）关于买卖双方义务的规定

1. 风险转移问题

卖方承担将货物交给承运人控制之前的风险，买方承担将货物交给承运人控制之后的风险。

2. 通关手续问题

（1）卖方自负风险和费用，取得出口许可证或其他官方批准证件，并且办理货物出口所需的一切海关手续。

（2）买方自负风险和费用，取得进口许可证或其他官方批准证件，并且办理货物进口以及通过第三国过境所需的一切海关手续。

3. 运输合同和保险合同

（1）卖方有义务按照通常条件订立运输合同，将货物从交货地点运送到约定的目的地。

（2）买方有义务为卖方订立有关货物运输的保险合同。

4. 主要费用的划分

（1）卖方承担在交货地点交货前所涉及的各项费用，包括办理出口手续时所应交纳的关税及其他费用。此外，卖方要负责签订从指定地点承运货物的合同，并支付有关的运费。另外，还要承担办理货运保险时须交纳的保险费。

（2）买方承担在交货地点交货后所涉及的各项费用，包括办理进口手续时所应交纳的关税和其他费用。

（三）使用 CIP 术语应注意的问题

1. 正确理解风险和保险

按 CIP 术语成交的合同，卖方要负责办理货运保险，并支付保险费，但货物从交货地运往目的地运输途中的风险由买方承担。所以，卖方的投保属于代办性质。根据《2010 通则》的解释，卖方要按双方协商确定的险别投保。但如果双方未在合同中规定应投保的险别，则由卖方按惯例投保最低的险别，保险金额一般是在合同价格的基础上加成 10%，并采用合同规定的货币。如果买方有要求并且能够提供卖方所需的信息时，卖方应向买方提供额外的保险保障，由买方承担费用。

2. 应合理确定价格

与 FCA 相比，CIP 条件下卖方要承担较多的责任和费用。他要负责办理从交货地至目的地的运输，承担有关运费；办理货运保险，并支付保险费。所以，卖方对外报价时，要认真核算成本和价格。在核算时，应考虑运输距离、保险险别、各种运输方式和各类保险的收费情况，并要预计运价和保险费的变动趋势等方面问题。从买方来讲，也要对卖方的报价进行认真分析，做好比价工作，以免接受不合理的报价。

3. 应了解 CIP 与 FCA、CPT 之间的关系

CIP 与 FCA、CPT 三者在交货地点、风险划分界限以及适用的运输方式方面都是相同的。三者之间的区别主要在于买卖双方承担的责任和费用方面。按照从 FCA、CPT 到 CIP 的顺序排列，卖方所承担的责任和费用是由小到大。与 FCA 相比，采用 CPT 术语成交时，卖方增加了办理运输的责任和费用。而采用 CIP 时，卖方又增加了办理保险的责任和费用，所以，卖方提交的单据中增加了保险单据。当事人在订立合同时，应根据交易的具体情况，合理地选择贸易术语。

第三节 DAT、DAP 和 DDP 术语

一、DAT 术语

(一) DAT 术语的含义

在《2010 通则》中，DAT 的英文全文为 Delivered at Terminal（insert named teminal at port or place of destination），中文意思是运输终端交货（插入指定港口或目的地的运输终端），其后应注明 2010 年国际贸易术语解释通则或 INCOTERMS 2010。

在 DAT 项下，卖方要在合同中约定的日期或期限内将货物运到合同规定的港口或目的地的约定运输终端，并将货物从抵达的载货运输工具上卸下，交给买方处置时即完成交货。另外，卖方要提交商业发票以及合同要求的其他单证。

(二) 关于买卖双方义务的规定

1. 风险转移问题

卖方承担将货物交给买方控制之前的风险，买方承担货物交给其控制之后的风险。也就是说 DAT 贸易术语以买方在交货地点控制货物作为风险转移的界限。

2. 通关手续问题

(1) 卖方自负风险和费用，取得出口许可证或其他官方批准证件，并且办理货物出口以及交货前通过第三国过境运输所需的一切海关手续。

(2) 买方自负风险和费用，取得进口许可证或其他官方批准证件，并且办理货物进口所需的一切海关手续。

3. 运输合同和保险合同

(1) 卖方负责订立运输合同，将货物运至约定港口或目的地的指定运输终端，如对运输终端未做具体规定，卖方可选择在约定港口或目的地最合适的运输终端。

(2) 卖方对买方无订立保险合同的义务。但应买方的要求，并由其承担风险和费用的情况下，卖方必须向买方提供其办理保险所需的信息。

4. 主要费用的划分

（1）卖方承担在交货地点交货前所涉及的各项费用，包括需要办理出口手续时所应交纳的关税和其他费用，以及经由第三国过境所涉及的费用。此外，卖方要支付有关的运费和相关费用，如装货费以及合同中约定由卖方支付的与卸货有关的费用。

（2）买方承担在交货地点交货后所涉及的各项费用，包括在目的地办理进口手续时所应交纳的关税和其他费用。

（三）使用 DAT 术语应注意的问题

1. 正确理解"运输终端"的含义

根据《2010 通则》的解释，"运输终端"意味着任何地点，而不论该地点是否有遮盖，例如码头、仓库、集装箱堆场或公路、铁路、空运货站。这就说明它的范围很宽泛，可以在露天，也可以在室内。为了避免不必要的纠纷，《2010 通则》建议当事双方在订立买卖合同时尽可能地约定运输终端的名称和其具体位置，并且在运输合同中做出相应的规定。

2. 注意卖方责任的限度

DAT 的产生旨在替代《2000 通则》中的 DEQ 术语。DEQ 术语是在目的港码头交货，卖方承担的责任仅限于将货物运至目的港，并卸至码头，而不负责再将货物由码头搬运到其他地方。DAT 的交货地点不再受码头的限制，但卖方承担的责任仍只是将货物交到合同规定的运输终端。

二、DAP 术语

（一）DAP 术语的含义

DAP 的英文全文为 Delivered at Place（insert named place of destination），中文意思是在目的地交货（插入指定目的地），其后应注明 2010 年国际贸易术语解释通则或 INCOTERMS 2010。

在 DAP 项下，卖方要在合同中约定的日期或期限内，将货物运至合同规定的目的地的约定地点，并将货物置于买方的控制之下，在卸货之前即完成交货。另外，卖方要提交商业发票以及合同要求的其他单证。

（二）关于买卖双方义务的规定

1. 风险转移问题

卖方承担将货物交给买方控制之前的风险，买方承担货物交给其控制之后的风险。

2. 通关手续问题

（1）卖方自负风险和费用，取得出口许可证或其他官方批准证件，并且办理货物出口以及交货前通过第三国过境运输所需的一切海关手续。

（2）买方自负风险和费用，取得进口许可证或其他官方批准证件，并且办理货物进口所需的一切海关手续。

3. 运输合同和保险合同

（1）卖方负责订立运输合同，将货物运至合同约定的目的地的特定交货地点，如对特定交货地点未做具体规定，卖方可在指定目的地内选择最合适的交货地点。

（2）卖方对买方无订立保险合同的义务。但应买方的要求，并由其承担风险和费用的情况下，卖方必须向买方提供其办理保险所需的信息。

4. 主要费用的划分

（1）卖方承担在交货地点交货前所涉及的各项费用，包括需要办理出口手续时所应交纳的关税和其他费用，以及经由第三国过境所涉及的费用。此外，卖方要负责签订从指定地点承运货物的合同，并支付有关的运费和相关费用，如装货费以及合同中约定由卖方支付的与卸货有关的费用。

（2）买方承担在交货地点交货后所涉及的各项费用，包括在目的地的卸货费用以及办理进口手续时所应交纳的关税和其他费用。

（三）使用 DAP 术语应注意的问题

1. 认真了解 DAP 的具体含义

DAP 是《2010 通则》新推出的贸易术语，根据国际商会的解释，它旨在替代原《2000 通则》中的 DAF、DES 和 DDU 术语。这就是说，DAP 的交货地点既可以是在两国的边境指定地点，也可以是在目的港的船上，还可以是在进口国国内的某一地点。但要注意的是，即使是在进口国的目的港或最终目的地交货，没有相反的规定，卖方也不负担卸货费用和进口通关的费用及关税。为了避免纠纷，《2010 通则》建议在采用 DAP 术语成交时，"卖方订立的运输合同应能与所做选择确切吻合。如果卖方按照运输合同在目的地发生了卸货费用，除非双方另有约定，卖方无权向买方要求偿付。"

2. 注意 DAP 与 CIP 的异同点

根据《2010 通则》的解释，CIP 条件下，卖方要将合同规定的货物运到目的地的指定地点，这个地点可以是在两国的边境指定地点，也可以是在目的港的船上，还可以是在进口国内的某一地点。看起来这与 DAP 条件十分相似，但要注意，两者的交货地点并不相同，采用 CIP 时，卖方只是承担责任和费用，将货物运到目的地指定地点，风险却是在将货物交给承运人时即转移给买方。而采用 DAP 时，卖方的交货地点即在目的地的约定地点，卖方承担的风险也是在该地点实际交货时才转移给买方。另外，采用 CIP 时，卖方有义务按合同的约定自负风险和费用，办理货物运输保险。而在采用 DAP 时，货运途中的风险是由卖方自己承担，保险也是为了自己的利益，所以，卖方并不对买方承担必须办理保险的义务。

三、DDP 术语

(一) DDP 术语的含义

DDP 的英文全文为 Delivered Duty Paid (insert named place of destination)，中文意思是完税后交货（插入指定目的地），其后应注明 2010 年国际贸易术语解释通则或 INCOTERMS 2010。

在 DDP 项下，卖方要在合同中约定的日期或期限内，将货物运到合同规定的目的地的约定地点，并且完成进口清关手续后，在运输工具上将货物置于买方的控制之下，即完成交货。另外，卖方要提交商业发票以及合同要求的其他单证。

(二) 关于买卖双方义务的规定

1. 风险转移问题

卖方在进口国内的交货地点完成交货时，风险转移。

2. 通关手续问题

卖方自负风险和费用，取得出口和进口许可证或其他官方批准证件，并且办理货物出口和进口以及交货前通过第三国过境运输所需的一切海关手续。

3. 运输合同和保险合同

(1) 卖方负责订立运输合同，将货物运至合同约定的目的地的特定交货地点，如对特定交货地点未做具体规定，卖方可在指定目的地内选择最合适的交货地点。

(2) 卖方对买方无订立保险合同的义务。但应买方的要求，并在由买方承担风险和费用的情况下，卖方必须向买方提供其办理保险所需的信息。

4. 主要费用的划分

(1) 卖方承担在进口国内的指定地点完成交货之前的一切费用，包括办理货物出口和进口所涉及的关税和其他费用。

(2) 买方承担受领货物之后所发生的各种费用。

(三) 使用 DDP 术语应注意的问题

1. 根据情况妥善办理投保事项

DDP 是《2010 通则》中包含的 11 种贸易术语中卖方承担风险、责任和费用最大的一种术语。按照这一术语成交，卖方要负责将货物从起运地一直运到合同规定的进口国内的指定目的地，把货物实际交到买方手中，才算完成交货。根据国际贸易惯例，按照 DDP 术语成交时，卖方对买方并无义务订立保险合同，但由于卖方要承担较大的风险，为了能在货物受损或灭失时及时得到经济补偿，一般情况下，卖方应办理货运保险。在选择投保的险别时，应根据货物的性质、运输方式及运输路线来灵活决定。

2. 其他注意事项

在 DDP 交货条件下，卖方是在办理了进口结关手续后在指定目的地交货的，这实际上是卖方已将货物运进了买方的国内市场。如果卖方直接办理进口手续有困难，也可要求买方协助办理。如果卖方不能直接或间接地取得进口许可证，则不应使用 DDP 术语。如果双方希望买方承担所有进口清关的风险和费用，则应采用 DAP 术语。

如果双方当事人同意在卖方承担的义务中排除货物进口时应支付的某些费用（如增值税），应写明"Delivered Duty Paid，VAT Unpaid"，即"完税后交货，增值税未付"。否则，任何增值税或其他应付的进口税款都由卖方承担。

本章小结

基于《2010 通则》，本章主要介绍了 EXW、FCA、CPT、CIP、DAT、DAP 和 DDP 七种适用于各种运输方式的贸易术语，各种运输方式包括公路、铁路、江河、海洋、航空运输以及多式联运。这七种贸易术语应用广泛，各种贸易术语中蕴含的买卖双方的权利和义务需要学习者认真区分和鉴别。

【课后思考】

1. 区分 EXW 和 DDP 两种贸易术语的异同。

2. 比较 FCA、CPT 和 CIP 三个贸易术语买卖双方的权利和义务。

3. 列表说明 EXW、FCA、CPT、CIP、DAT、DAP 和 DDP 七种贸易术语的英文简称、全称，以及中文含义、所跟地点。

第三章 适用于水上运输方式的贸易术语

【学习目标】
1. 掌握适用于水上运输方式的几种常见贸易术语的含义、内容及应用。
2. 了解适用于水上运输方式的贸易术语的主要国际惯例。
3. 掌握贸易术语的变形及应用。

根据《2010通则》的解释,FAS、FOB、CFR和CIF四种术语仅适用于水上运输方式,即适用于海运和内河水运方式。而在现代的国际贸易和国内贸易业务中,这些术语采用比较普遍,特别是后面三种术语被各国的贸易界人士广泛采用,并被称为常用贸易术语。

第一节　FAS 术语

一、FAS 术语的含义

FAS 的英文全文为是 Free Alongside Ship（insert named port of shipment），中文意思是船边交货（插入指定装运港），其后应注明 2010 年国际贸易术语解释通则或 INCOTERMS 2010。

FAS 术语通常称作装运港船边交货。在 FAS 项下，卖方要在合同中约定的日期或期限内，将货物运到合同规定的装运港口，并交到买方指派的船只的旁边，即完成其交货义务。另外，卖方要提交商业发票以及合同要求的其他单证。

二、关于买卖双方义务的规定

1. 风险转移问题

卖方在装运港将货物交到买方所派船只的旁边时，货物损坏或灭失的风险由卖方转移给买方。

2. 通关手续问题

（1）卖方自负风险和费用，取得出口许可证或其他官方批准证件，并且办理货物出口所需的一切海关手续。

（2）买方自负风险和费用，取得进口许可证或其他官方批准证件，并且办理货物进口和从第三国过境运输所需的一切海关手续。

3. 运输合同和保险合同

（1）卖方对买方无订立运输合同的义务，但如果买方有要求，或按照商业习惯，在买方承担风险和费用的情况下，卖方也可以按照通常条件订立运输合同。

（2）卖方对买方无订立保险合同的义务。但应买方的要求，并在买方承担风险和费用的情况下，卖方必须向买方提供其办理保险所需的信息。

4. 主要费用的划分

（1）卖方承担交货之前的一切费用，包括办理货物出口所应交纳的关税和其他费用。

（2）买方承担受领货物之后所发生的一切费用，包括装船费用，将货物从装运港运往目的港的运输、保险和其他各种费用，以及办理货物进口所涉及的关税和其他费用。

三、使用 FAS 术语应注意的问题

1. 应了解不同惯例对 FAS 的不同解释

根据《2010 通则》的解释，FAS 术语只适用于水上运输方式，交货地点为装运港。但是，按照《1990 年美国对外贸易定义修订本》的解释，FAS 是 Free Along Side 的缩写，即指交到运输工具的旁边，并不一定是在装运港的船边。因此，在同北美国家的交易中使用 FAS 术语时，应在 FAS 后面加上 Vessel 字样，以明确表示"船边交货"。

2. 应考虑不同的运输包装方式

在选择 FAS 术语时，当事人应考虑到具体交易中采用的运输包装方式。按照《2010 通则》的解释，如果货物采用的是集装箱运输方式，通常是由卖方将该货物运到集装箱货运站，交给买方指定的承运人，而不是交到装运港船边。所以，在采用集装箱运输的情况下，不适宜选用 FAS 术语，而应选用前面介绍过的 FCA 贸易术语。

3. 要注意船货衔接问题

在 FAS 条件下，从装运港至目的港的运输合同要由买方负责订立，买方要及时将船名和要求装货的具体时间、地点通知卖方，以便卖方按时做好备货出运工作。卖方也应将货物交至船边的情况及时通知买方，以利于买方办理装船事项。如果买方指派的船只未按时到港接受货物，或者比规定的时间提前停止装货，或者买方未能及时发出派船通知，只要货物已被清楚地划出，或以其他方式确定为本合同项下的货物（货物被特定化），由此而产生的风险和损失均由买方承担。另外，如果买方所派的船只不能靠岸，卖方则要负责用驳船把货物运至船边，仍在船边交货，装船的责任和费用由买方负担。

第二节　FOB、CFR 和 CIF 术语

一、FOB 术语

（一）FOB 术语的含义

FOB 的英文全文为 Free on Board（insert named port of shipment），中文意思是船上交货（插入指定装运港），其后应注明 2010 年国际贸易术语解释通则或 INCOTERMS 2010。

FOB 习惯称为装运港船上交货。在 FOB 项下，卖方要在合同中约定的日期或期限内，将货物运到合同规定的装运港口，并交到买方指派的船只的船上，即完成其交货义务。另外，卖方要提交商业发票以及合同要求的其他单证。

（二）关于买卖双方义务的规定

1. 风险转移问题

卖方在装运港将货物交到买方所派船只的船上时，货物损坏或灭失的风险由卖方转移给买方。

2. 通关手续问题

（1）卖方自负风险和费用，取得出口许可证或其他官方批准证件，并且办理货物出口所需的一切海关手续。

（2）买方自负风险和费用，取得进口许可证或其他官方批准证件，并且办理货物进口和从第三国过境运输所需的一切海关手续。

3. 运输合同和保险合同

（1）卖方对买方无订立运输合同的义务，但如果买方有要求，或按照商业习惯，在买方承担风险和费用的情况下，卖方也可以按照通常条件订立运输合同。

（2）卖方对买方无订立保险合同的义务。但应买方的要求，并在买方承担风险和费用的情况下，卖方必须向买方提供其办理保险所需的信息。

4. 主要费用的划分

（1）卖方承担交货前所涉及的各项费用，包括办理货物出口所应交纳的关税和其他费用。

（2）买方承担交货后所涉及的各项费用，包括从装运港到目的港的运费，以及办理进口手续时所应交纳的关税和其他费用。

（三）使用FOB术语应注意的问题

1. 关于风险划分界限的变更

在《2000通则》中规定，FOB是以装运港船舷作为划分风险的界限。"船舷为界"表明货物在装船时越过船舷之前的风险，包括在装船时货物跌落码头或海中所造成的损失，均由卖方承担。货物越过船舷装上船之后，包括在起航前和在运输过程中所发生的损坏或灭失，则由买方承担。但考虑到在现代的装运作业中，货物由起重机械吊装上船的比例逐渐减少，以及"链式销售"（如卖方出售的是业已装上船或在途运输的货物）的情况不断增加，《2010通则》中关于FOB条件下风险划分的界限问题，不再规定以"船舷为界"，而规定以货物装到船上，风险才由卖方转移给买方。

2. 关于船货衔接问题

按照FOB术语成交的合同属于装运合同，这类合同中卖方的一项基本义务是按照规定的时间和地点完成装运。然而由于FOB条件下是由买方负责租船订舱，所以，这就产生船货衔接的问题。根据有关法律和惯例，如果买方未能按时派船，这包括未经对方同意提前和延迟将船派到装运港，卖方都有权拒绝交货，而且由此产生的各种损失，如空舱费（Dead Freight）、滞期费（Demurrage）及卖方增加的仓储费等，均由买方负担。如果买方指派的船只按时到达装运港，而卖方却未能备妥货物，那么，由此产生的上述费用则由卖方承担。有时双方按FOB价格成交，而后来买方又委托卖方办理租船订舱，卖方也可酌情接受。但这属于代办性质，其风险和费用仍由买方承担，就是说运费和手续费由买方支付。而且如果卖方租不到船，其不承担后果，买方无权撤销合同或索赔。总之，按FOB术语成交，签约之后，有关备货和派船事宜，也要加强联系，密切配合，保证好船货的衔接。

3. 个别国家对FOB的不同解释

以上有关FOB的解释都是按照国际商会的《2010通则》做出的，然而，不同的国家和不同的惯例对FOB的解释并不完全统一。它们之间的差异在有关交货的地点、风险划分界限以及卖方承担的责任、义务等方面的规定上都可体现出来。如在北美国家采用的《1990年美国对外贸易定义修订本》中，将FOB概括为六种，其中前三种是在出口国内陆发货地点的内陆运输工具上交货，第四种是在出口地点的内陆运输工具上交货，第五种是在装运港船上交货，第六种是在进口国指定内陆地点交货。（上述第四种和第五种在使用时应加以注意。因为这两种术语在交货地点上有可能相同,如都是在旧金山交货,如果买方要求在装运港口的船上交货,则应在 FOB 和港名之间加上"Vessel"字样,变成"FOB Vessel San Francisco",否则,卖方有可能按第四种情况在旧金山市的内陆运输工具上交货。)

另外,在关于办理出口手续的问题上也存在分歧。按照《2010 通则》的解释,FOB 条件下,卖方义务是"自负风险及费用,取得出口许可证或其他官方批准证件,并办理货物出口所必需的一切海关手续。"但是,按照《1990 年美国对外贸易定义修订本》的解释,卖方只是"在买方请求并由其负担费用的情况下,协助买方取得由原产地及/或装运地国家签发的,为货物出口或在目的地进口所需的各种证件"。

二、CFR 术语

(一) CFR 术语的含义

CFR 的英文全文为 Cost and Freight(insert named port of destination),中文意思是成本加运费(插入指定目的港),其后应注明 2010 年国际贸易术语解释通则或 INCOTERMS 2010。

成本加运费,又称运费在内价,也是国际贸易中常用的贸易术语之一。在 CFR 项下,卖方要在合同中约定的日期或期限内,将货物运到合同规定的装运港口,并交到自己安排的船只的船上,或者以取得货物已装船证明的方式完成其交货义务。另外,卖方要提交商业发票以及合同要求的其他单证。

(二) 关于买卖双方义务的规定

1. 风险转移问题

卖方在装运港完成其交货义务时,货物损坏或灭失的风险由卖方转移给买方。

2. 通关手续问题

(1) 卖方自负风险和费用,取得出口许可证或其他官方批准证件,并且办理货物出口所需的一切海关手续。

(2) 买方自负风险和费用,取得进口许可证或其他官方批准证件,并且办理货物进口和从第三国过境运输所需的一切海关手续。

3. 运输合同和保险合同

(1) 卖方必须按照通常条件订立或取得运输合同,将货物运到合同约定的目的港。

(2) 卖方对买方无订立保险合同的义务。但应买方的要求,并在买方承担风险和费用的情况下,卖方必须向买方提供其办理保险所需的信息。

4. 主要费用的划分

(1) 卖方承担交货前所涉及的各项费用,包括需要办理出口手续时所应交纳的关税和其他费用。卖方还要支付从装运港到目的港的运费和相关费用。

(2) 买方承担交货后所涉及的各项费用,包括办理进口手续时所应交纳的关税和其他费用。

(三) 使用 CFR 术语应注意的问题

1. 应了解 CFR 与 FOB 的异同点

CFR 与 FOB 术语相比较,它们都是在装运港交货,风险划分均以货物在装运港装上船为界,都适用于水上运输方式,都是由卖方负责办理出口手续,买方负责办理进口手续。它们的主要区别在于办理从装运港至目的港的运输责任和费用的承担方不同。FOB 条件下,由买方订立运输合同并承担相关费用;而在 CFR 条件下,则由卖方订立运输合同并承担相关费用。

2. 关于卖方的装运义务

采用 CFR 贸易术语成交时,卖方要承担将货物由装运港运往目的港的义务。为了保证能按时完成在装运港交货的义务,卖方应根据货源和船源的实际情况合理地规定装运期。当装运期一经确定,卖方就应及时租船订舱和备货,并按规定的期限发运货物。

按照《联合国国际货物销售合同公约》的规定,卖方延迟装运或者提前装运都是违反合同的行为,并要承担违约的责任。买方有权根据具体情况拒收货物或提出索赔。

3. 装船通知的重要作用

按照 CFR 条件达成的交易,卖方需要特别注意的问题是,货物装船后必须及时向买方发出装船通知,以便买方收取货物和办理投保手续。根据一般的国际贸易惯例以及有些国家的法律,如英国《1893 年货物买卖法》(1979 年修订)中规定:"如果卖方未向买方发出装船通知,致使买方未能办理货物保险,那么,货物在海运途中的风险被视为卖方负担。"这就是说,如果货物在运输途中遭受损坏或灭失,由于卖方未发出通知而使买方漏保,那么卖方就不能以风险在装运港船上转移为由免除责任。由此可见,尽管在 FOB 和 CIF 条件下,卖方装船后也应向买方发出通知,但 CFR 条件下的装船通知,具有更为重要的意义。

三、CIF 术语

(一) CIF 术语的含义

CIF 的英文全文为 Cost Insurance and Freight (insert named port of destination),中文意思是成本、保险加运费(插入指定目的港),其后应注明 2010 年国际贸易术语解释通则或 INCOTERMS 2010。

CIF 又称运费保险费在内价,也是国际贸易中常用的贸易术语之一。在 CIF 项下，卖方要在合同中约定的日期或期限内，将货物运到合同规定的装运港口，并交到自己安排的船只的船上，或者以取得货物已装船证明的方式完成其交货义务。另外，卖方要为买方办理海运货物保险，卖方还要提交商业发票以及合同要求的其他单证。

（二）关于买卖双方义务的规定

1. 风险转移问题

卖方在装运港完成其交货义务时，货物损坏或灭失的风险由卖方转移给买方。

2. 通关手续问题

（1）卖方自负风险和费用，取得出口许可证或其他官方批准证件，并且办理货物出口所需的一切海关手续。

（2）买方自负风险和费用，取得进口许可证或其他官方批准证件，并且办理货物进口和从第三国过境运输所需的一切海关手续。

3. 运输合同和保险合同

（1）卖方必须按照通常条件订立或取得运输合同，将货物运到合同约定的目的港。

（2）卖方对买方有义务签订保险合同。保险合同应与信誉良好的保险公司订立，使买方或其他对货物有可保利益者有权直接向保险人索赔。

4. 主要费用的划分

（1）卖方承担交货前所涉及的各项费用，包括需要办理出口手续时所应交纳的关税和其他费用。卖方还要支付从装运港到目的港的运费和相关费用，并且承担办理水上运输保险的费用。

（2）买方承担交货后所涉及的各项费用，包括办理进口手续时所应交纳的关税和其他费用。

（三）使用 CIF 术语应注意的问题

1. 保险险别问题

CIF 术语中的"I"表示 Insurance，即保险。从价格构成来讲，这是指保险费，就是说货价中包括了保险费；从卖方的责任来讲，他要负责办理货运保险。办理保险须明确险别，不同险别，保险人承担的责任范围不同，收取的保险费率也不同。按 CIF 术语成交，一般在签订买卖合同时，在合同的保险条款中，明确规定保险险别、保险金额等内容，这样，卖方就应按照合同的规定办理投保。但如果合同中未就保险险别等问题做出具体规定，那就根据有关惯例来处理。涉及 CIF 术语的国际贸易惯例有国际商会的《2010 通则》《1990 年美国对外贸易定义修订本》和《1932 年华沙—牛津规则》。按照《2010 通则》对 CIF 的解释，"该保险需至少符合《协会货物保险条款》的

C款（ClauseC）或类似条款的最低险别"。但在买方要求，并由买方承担费用的情况下，可加保任何附加险别。按照《1990年美国对外贸易定义修订本》的解释，"对于保险险别，双方应共同明确是投保水渍险或平安险以及属于特定行业应保的其他险别，或是买方需要获得单独保障的险别。"关于战争险，是在买方负担费用的情况下，由卖方代为投保，或经卖方同意，由买方自行投保。根据《1932年华沙—牛津规则》的规定，卖方应"按照特定行业惯例或在规定航线上应投保的一切风险"办理投保手续。一般情况下，卖方不负责投保战争险，除非合同中有投保战争险的规定，或者买方有要求，并由买方承担费用时，卖方才可加保战争险。

2. 租船订舱问题

采用CIF术语成交，卖方的基本义务之一是租船订舱，办理从装运港至目的港的运输事项。《2010通则》的解释是，卖方"按照通常条件自行负担费用订立运输合同，将货物按惯常路线用通常类型可供装载该合同货物的海上航行船只（或适当的内河运输船只）装运至指定目的港"。《1990年美国对外贸易定义修订本》中只是笼统地规定卖方"负责安排货物运至指定目的地的运输事宜，并支付其费用"。《1932年华沙—牛津规则》对于这一问题的规定较为详细，在其第8条中规定："（1）在买卖合同规定由特定船只装运，或者一般地应由卖方租赁全部或部分船只，并承担将货物装船的情况下，非经买方同意，卖方不得随意改用其他船只代替。买方也不应不合理地拒绝。（2）如果买卖合同规定用蒸汽船装运（未指定船名），卖方在其他条件相同的情况下，可用蒸汽船或内燃机船运给买方。（3）如果买卖合同未规定运输船只的种类，或者合同内使用'船只'这样的笼统名词，除依照特定行业惯例外，卖方有权使用通常在此路线上装运类似货物的船只来装运。"以上规定其基本内涵是相同的，即如果没有相反的约定，卖方只是负责按通常条件和惯驶航线，租用适当船舶将货物运往目的港。因此，对于在业务中有时买方提出的关于限制船舶的国籍、船型、船龄、船级以及指定装载某班轮公司的船只等要求，卖方均有权拒绝接受。但卖方也可放弃这一权利，可根据具体情况给予通融。就是说，对于买方提出的上述要求，如果卖方能办到又不会增加额外开支，也可以接受。

3. 象征性交货问题

从交货方式来看，CIF是一种典型的象征性交货（Symbolic Delivery）。所谓象征性交货是针对实际交货（Physical Delivery）而言。前者指卖方只要按期在约定地点完成装运，并向买方提交合同规定的包括物权凭证在内的有关单证，就算完成了交货义务，而无须保证到货。后者则是指卖方要在规定的时间和地点，将符合合同规定的货物提交给买方或其指定人，而不能以交单代替交货。可见，在象征性交货方式下，卖方是凭单交货，买方是凭单付款，只要卖方如期向买方提交了合同规定的全套合格单据（名称、内容和份数相符的单据），即使货物在运输途中损坏或灭失，买方也必须履行付款义务。反之，如果卖方提交的单据不符合要求，即使货物完好无损地运达目的地，买方仍有权拒绝付款。但是，必须指出，按 CIF 术语成交，卖方履行其交单义务，只是得到买方付款的前提条件，除此之外，他还必须履行交货义务。如果卖方提交的货物不符合要求，买方即使已经付款，仍然可以根据合同的规定向卖方提出索赔。

第三节　常用贸易术语的变形

国际贸易中使用最多的贸易术语是装运港交货的 FOB、CFR 和 CIF 术语。按照 FOB 术语成交时，有关装船费用的负担问题，以及按照 CFR 和 CIF 术语成交时由谁负担卸货费用的问题，各国的惯例或习惯做法并不完全一致。如件杂货一般采用班轮运输，船方管装管卸，装卸费打入班轮运费之中，自然由承租班轮的一方承担；而大宗货物通常采用程租船运输，船方一般不负担装卸费用，这就必须明确装卸费用应由谁负担。为了明确责任，避免争执，在实际业务中，通常都是在常用贸易术语之后加列装货费或卸货费由何方负担的附加条件，即以贸易术语的变形来解决这一问题。

关于贸易术语的变形是否应在通则中加以明确规定的问题，在几次通则的修改过程中，已经提出过，但未获得通过。国际商会的最终意见是《2010 通则》中不做具体规定，但也不反对当事人使用变形，如使用时建议在合同中做出明确规定。如果变形涉及风险和费用的变化，应在合同中加以具体说明，以避免误解。以下介绍的是实际业务中，常见贸易术语的几种变形。

一、FOB 的变形

FOB 的变形是为了解决装船费用由谁负担的问题而产生的，包括以下几种：

1. FOB Liner Terms（FOB 班轮条件）

这一变形是指装船费用按照班轮的做法处理，即由船方或买方承担。所以，采用这一变形，卖方不负担装船的有关费用。

2. FOB Under Tackle（FOB 吊钩下交货）

这一变形是指卖方负担费用将货物交到买方指定船只的吊钩所及之处，而吊装入舱以及其他各项费用，概由买方负担。

3. FOB Stowed（FOB 理舱费在内）

这一变形是指卖方负责将货物装入船舱并承担包括理舱费在内的装船费用。理舱费是指货物入舱后进行安置和整理的费用。

4. FOB Trimmed（FOB 平舱费在内）

这一变形是指卖方负责将货物装入船舱并承担包括平舱费在内的装船费用。平舱费是指对装入船舱的散装货物进行平整所需的费用。

二、CFR 的变形

CFR 的变形不同于 FOB 的变形，是为了解决大宗货物租船运输中的卸货费用负担问题而产生的。业务中常见的变形有以下几种：

1. CFR Liner Terms（CFR 班轮条件）

这一变形是指卸货费按班轮做法办理，谁租船谁负责，即买方不负担卸货费。

2. CFR Landed（CFR 卸至码头）

这一变形是指由卖方承担卸货费，包括可能涉及的驳船费在内。

3. CFR Ex Tackle（CFR 吊钩下交接）

这一变形是指卖方负责将货物从船舱吊起一直卸到吊钩所及之处（码头上或驳船上）的费用，船舶不能靠岸时，驳船费用由买方负担。

4. CFR Ex Ship's Hold（CFR 舱底交接）

按此条件成交，船到目的港在船上办理交接后，由买方自行启舱，并负担货物由舱底卸至码头的费用。

三、CIF 的变形

CIF 的变形与 CFR 的变形完全相同，都是为了解决大宗货物租船运输中的卸货费用负担问题而产生的。主要有：CIF Liner Terms、CIF Landed、CIP Ex Tackle、CIF Ex Ship's Hold 四种。具体含义与 CFR 的变形相同，不再重复。

综上所述，贸易术语的变形是为了解决装卸费用的负担问题而产生的，至于这些变形会不会影响到风险划分的问题，一般认为，贸易术语的变形只是用以解决装卸费用的负担问题，并不改变交货地点和风险划分的界限。但在实际业务中，由于一些当事人理解和掌握上的偏差，往往为此引起争执，所以，国际商会在《2010 通则》的引言中指出，在签订买卖合同时，有必要明确规定，贸易术语的变形是仅限于费用的划分，还是包括了风险在内，应该说，这是一种较为稳妥的做法。

本章小结

本章主要介绍适用于水上运输方式的贸易术语的含义及其在国际贸易交易中买卖双方在货物交接过程中有关风险、责任和费用的划分。在国际贸易实践中需要选择最为合适的贸易术语，并能合理将各个术语的变形应用到合同磋商过程中。

【课后思考】

1. 从买方角度考虑，将适用于水上运输方式的贸易术语的风险由大到小排序。
2. 理解 FOB 术语的变形及应用。
3. 比较 FOB、CFR、CIF 三个贸易术语的买卖双方的权利和义务有哪些不同？

第四章 商 品

【学习目标】
1. 了解样品的概念与分类。
2. 了解《联合国国际货物销售合同公约》的有关规定。
3. 掌握国际贸易合同中品质、数量和包装条款的订立方法与注意事项。

商品是国际货物买卖合同的标的和物质基础。国际贸易中,任何一种商品都有其具体的名称,并表现为一定的品质;任何一笔贸易均是一定数量商品的买卖,而贸易的大多数商品,均需有一定的包装。能否恰当地使用商品的品名,规定品质,确定交易数量,采用合适的包装,关系到交易双方的生产和经济利益。故买卖双方在洽谈业务或签订合同时,对商品的品名、品质、数量与包装等均极为关注。

第一节 品 名

一、列明品名的重要性

与国内贸易不同的是，在国际贸易中看货成交、立即交货的情形相对较少，大多数情况下，买卖双方在洽谈交易和签订合同时并未看到具体商品，而是凭借对拟买卖商品进行必要的描述以确定交易标准。故在国际货物买卖合同中明确贸易的标的非常必要。

从法律上看，在合同中明确标的物的具体名称具有重大意义，这项规定是买卖双方在货物交接方面的一项基本依据，它关系到买卖双方的基本权利和义务。按照惯例及一些国家的法律，对商品的具体描述是有关商品说明（Description）的一个重要组成部分，如卖方交付货物不符合合同规定的品名或说明，买方有权拒收货物、撤销合同并提出损害赔偿。

从业务角度看，这项规定是交易的物质内容，是交易赖以进行的物质基础与前提。只有在确定标的的前提下，卖方才有可能安排生产、加工或收购；双方也才可能据此决定包装、运输方式、保险险别，并在此基础上就价格进行磋商。货物交接时买卖双方亦可根据规定的品名或说明，履行各自的义务，维护各自权益。

二、品名条款的内容

合同中品名条款如何规定，并无固定格式，可由买卖双方根据具体情况自行商定。合同中的品名条款一般较简单，通常都是在"商品描述"（Description of Commodity）或"品名"（Name of Commodity）标题下，列明缔约双方同意买卖的商品名称，故又称之为"品名条款"。有时为明确起见，也可不加标题，直接在合同的开头部分，列入双方同意买入、卖出某种商品的文句。

就一般商品而言，可只列明双方买卖的商品名称，如大米、煤炭、钨砂等。但鉴于一种商品往往有许多不同的品种、型号、等级，而海关对不同类型的商品有不同的监管措施，为明确起见，亦可把有关品种、品质、产地或型号的概括性描述包括进去，做进一步的界定,有的甚至把品质规格都包括进来,此时,它便成为品质条款和品名条款的组合体。

三、约定品名条款的注意事项

(一)根据需要与可能约定成交商品的名称

凡合同品名条款中规定的商品,应当是买方确实需要而卖方能供应的商品,避免盲目成交,给履约带来困难,甚至引起贸易纠纷。在这方面我们有过不少深刻的教训。例如,曾有外商向中国某外贸公司订购一批湖蓝色自行车,当时卖方经办人员不知国内有无这种花色的自行车,即盲目签约成交。到交货时,卖方无法依约供应,便擅自用蓝色的自行车取代,结果遭到对方拒收。因为,买方需要的是约定颜色的自行车,而不是其他花色的自行车。

(二)合理描述成交的商品

对某些成交的商品,如需要在品名条款中做进一步描述时,其描述性的词句应当运用得当,既不能漏更不能画蛇添足,以免给履约造成困难和引起争议。例如,凡成交的商品有编号、商标或等级的,应将其编号、商标、等级订明;若无编号、商标、等级的,则不宜加列其他说明。

(三)正确使用成交商品的名称

正确无误地使用成交商品的名称,关系到合同当事人的切身利益。因此,约定商品名称时,要注意下列几点:

(1)商品的名称一般较多地反映该商品的用途、性能和特征。商品命名的方法很多,确定商品名称时,既要突出商品的用途与特性,又要有利于吸引顾客和促进销售。

(2)一般应使用国际上通用的名称。若使用地区性的名称(烟台苹果),买卖双方应事先就其含义达成共识,以利合同的履行。

(3)在一个合同中,或同一个商号的几个合同中,同一种商品的名称要保持一致。例如,在品名条款中所用的商品名称是"龙眼",则在合同其他条款中,就不应再使用"桂圆"的称呼。

(4)对于某些新商品的定名及其译名,应力求准确易懂,并符合国际上习惯的称呼。

(5)凡商品名称带有外国的国名或地名(如印度绸等),应尽可能使用自定的名称,也可在自定名称后括号说明(如俗称印度绸)。对于一些涉及外国商品名称专用权或制造方法专用权的名称应避免使用。凡出口商品名称带有产地名称者,其品质规格应有明确标准,如生产情况稳定,且在国外适销对路,可继续使用。否则不宜轻易采用凭产地名称买卖。

（6）若某些商品有几个不同的称呼，约定品名时，应根据是否有利于降低关税、方便进出口和节省运费等因素来选用合适的名称。如商品名称选用不当，可能导致该商品被禁止进出口或者被收取较高的关税或运费。

（四）品名条款的内容应当清楚、明确、具体

在品名条款中，应具体订明成交商品的名称，尽量避免空泛、笼统的表述，以利合同的履行。若成交商品的品种和规格繁多，可在商品名称栏内标明商品类别总称，如文具、家具、工艺品、瓷器等，但同时应将具体商品名称及规格，用附表详细列明，以便日后开立信用证和缮制单据时使用。

第二节 品 质

商品质量（简称品质）是指商品内在素质和外观形态的综合表现，它是构成货物说明的重要组成部分。在国际货物贸易中买卖双方对其成交的每种商品，都约定一定的品质条件，以利日后交接货物时有所遵循。

一、约定进出口商品质量的重要性

约定进出口商品质量具有十分重要的意义，因为，商品质量直接影响商品的使用价值和价格，它是决定商品使用效能和影响商品市场价格的重要因素。在当前国际市场竞争空前激烈的形势下，许多国家和地区都把提高商品质量，作为非价格竞争的一个重要组成部分。因此，在进出口贸易中，不断提高出口商品质量，不仅可以增强出口竞争能力，扩大销路，提高售价，而且还可以提高出口商品在国际市场的声誉，并反映出口国的科学技术和经济发展水平。在进口贸易中，严格把好进口商品质量关，使进口商品适应国内生产建设、科学研究和人民生活上的需要，是维护国家和人民利益并确保提高企业经济效益的重要问题。

为了使进出口商品的质量适应国内外市场的需要，在出口商品的生产、运输、存储、销售过程中，必须加强对品质的全面管理。在进口商品的订货、运输、接受等环节中，应切实把好质量关。

由于国际贸易的商品种类繁多，同一种商品也可能因自然条件、技术和工艺水平以及原材料的使用等因素的影响在品质方面存在着某种差异，这就要求买卖双方在商订合同时，须就品质条件做出明确规定。

合同中的品质条件不仅是构成商品说明的重要组成部分，也是买卖双方交接货物的主要依据。按《联合国国际货物销售合同公约》的有关规定，卖方交付的货物必须与合同规定的品质、规格相符，必须适用于同一规格货物通常使用的目的，并适用于订立合同时曾明示或默示地通知卖方的任何特定目的，卖方交货质量应与卖方向买方提供的货物样品或样式相同。如果卖方交货品质、规格与合同规定不符，不论价款是否已付，买方有权要求卖方减价、赔偿损失，甚至可以拒收货物和撤销合同。

在实际业务中，因品质问题而产生贸易纠纷的案件和事例最多。为了减少和避免争议，在约定品质条款时，应对成交商品的质量要求做出全面、确切和清楚的描述，以利合同的履行。同时，一旦合同对品质条件做出了明确具体的规定，卖方就应严格按约定条件交付货物。由此可见，在进出口合同中约定品质条件和订好品质条款，不论从法律或从实践的角度而言，都是非常重要的。

二、表示进出口商品质量的方法

（一）凭实货表示成交商品的质量

凭实货表示成交商品的质量，通常包括看货成交和凭样品成交两种方式。

1. 看货成交

买卖双方采取看货成交时，通常是先由买方（或其代理人）在卖方所在地验看货物，达成交易后，只要卖方交付的是经买方验看过的商品，买方就不得对卖方交货品质提出异议。在国际货物贸易中，由于交易双方相距遥远，买方到卖方所在地验看货物有诸多不便，即使卖方有现货在手，买方有代理人代为验看货物，也无法逐件查验，故采取看货成交的情况较少。看货成交的做法，多在寄售、拍卖和展卖业务中采用。

2. 凭样品成交

样品通常是指从一批商品中抽出来的或由生产、使用部门设计、加工出来的，足以反映和代表整批商品质量的少量实物。凡以样品表示成交商品质量并以此作为交货依据的，称为凭样品买卖（Sale by Sample）。在国际货物贸易中，按样品提供者的不同，样品可分为下列几种：

（1）卖方样品（Seller's Sample）。

由卖方提供的样品称为"卖方样品"。凡凭卖方样品作为交货的品质依据者，称为"凭卖方样品买卖"。在此情况下，在买卖合同中应订明："品质以卖方样品为准"（Quality as per seller's Sample）。此后，卖方所交整批货（Bulk）的品质，必须与其提供的样品相同。

（2）买方样品（Buyer's Sample）。

买方为了使其订购的商品符合自身要求，有时也提供样品交由卖方依样承制，如卖方同意按买方提供的样品成交，称为"凭买方样品买卖"。在这种场合，买卖合同中应订明："品质以买方样品为准"（Quality as per Buyer's Sample）。此后，卖方所交整批货的品质，必须与买方样品相符。

（3）对等样品（Counter Sample）。

在国际货物贸易中，卖方如不愿采用凭买方样品交易，卖方可根据买方提供的样品，加工复制出一个类似的样品交买方确认，这种经确认后的样品，称为"对等样品"或"回样"，也可称之为"确认样品"（Confirming Sample）。当对等样品被买方确认后，则此后卖方所交货物的品质，必须以对等样品为准。此外，买卖双方为了增进彼此对对方商品的了解，往往采用互相寄送样品的做法。这种以介绍商品为目的而寄出的样品，一般应标明"仅供参考"（For Reference Only）字样，以免与标准样品混淆。在寄送"参考样品"的情况下，如买卖合同中未订明交货品质以该项样品为准，而是约定了其他方法来表示品质，这就不是凭样品买卖，这种样品对交易双方均无约束力。

（二）凭说明表示成交商品的质量

凡以文字、图表、照片等方式来说明商品的质量时，均属凭说明表示商品质量的范畴。属于这个范畴的表示方法，具体包括下列几种：

1. 凭规格买卖

商品规格（Specification of Goods）是指一些足以反映成交商品质量的主要指标，如化学成分、含量、纯度、性能、容量、长短、粗细等。买卖双方洽谈交易时，对于适于凭规格买卖（Sale by Specification）的商品，应提供具体规格来说明商品的基本品质状况，并在合同中订明。凭规格买卖时，说明商品质量的指标因商品不同而不同，即使是同一商品，因用途不同，对规格的要求也会有差异。凭规格表示商品质量的方法简单易行、明确具体，且可根据每批成交商品的具体品质状况而灵活调整，故这种方法在国际贸易中被广为运用。

2. 凭等级买卖

商品的等级（Grade of Goods）是指同一类商品，按其规格上的差异，分为品质优劣各不相同的若干等级。由于不同等级的商品具有不同的规格，为便于履行合同和避免产生争议，在品质条款列明等级的同时，最好一并规定每一等级的具体规格。当然，如交易双方都熟悉每个级别的具体规格，则也可只列明等级，而无须约定具体规格。商品的等级，通常是由制造商或出口商根据其长期生产和使用该商品的经验，在掌握其品质规格的基础上制定出来的。它有助于满足不同的需要，也有利于根据不同需要来安排生产和加工整理。这种表示品质的方法，在简化手续、促进成交和体现按质论价等方面都有一定的作用。但是，应当提出，由个别厂商制定的等级本身并无约束力，故买卖双方洽商交易时，可酌情予以调整或改变，并在合同中订明。

3. 凭标准买卖

商品的标准是指将商品的规格和等级予以标准化。商品的标准，有的由国家或有关政府主管部门规定，也有的由同行业公会、交易所或国际性的工商组织规定。在国际货物贸易中，有些商品习惯于凭标准买卖，人们往往使用某种标准作为说明品质的依据。例如，美国出售小麦时，通常使用美国农业部制定的小麦标准。

国际货物贸易中所采用的各种标准，有些具有法律上的约束力，凡品质不符合标准要求的商品，不许进口或出口。但也有些标准不具有法律上的约束力，仅供交易双方参考使用，买卖双方治商交易时，可另行商定对品质的具体要求。在我国实际业务中，凡我国已规定标准的商品，为了便于安排生产和组织货源，通常采用我国有关部门所规定的标准成交。但为了扩大销售，也可根据需要和可能，酌情采用国外规定的品质标准，尤其是国际上已被广泛采用的标准，一般可按该标准进行交易。由于各国制定的标准经常被修改和变动，加之，一种商品的标准可能有不同年份的版本，其品质标准也往往有差异。因此，在采用国外某个国家的标准时，应载明所采用标准的年份和版本，以免引起争议。例如，在凭药典确定品质时，应明确规定以哪国的药典为依据，并同时注明该药典的出版年份。

在国际货物贸易中，对于某些品质变化较大而难以规定统一标准的农副产品，往往采用"良好平均品质"（Fair Average Quality，FAQ）来表示其品质。所谓"良好平均品质"，是指一定时期内某地出口货物的平均品质水平，一般是指中等货而言。其具体解释和确定办法如下：

（1）指农产品的每个生产年度的中等货。采用这种解释时，一般是由生产国在农产品收获后，经过对产品进行广泛抽样，从中制定出该年度的"良好平均品质"的标准和样品，并予以公布，作为该年度"FAQ"的标准。

（2）指某一季度或某一装船月份在装运地发运的同一种商品的"平均品质"。从各批出运的货物中抽样，然后，取其中间质量作为良好平均品质的标准。它可由买卖双方联合抽样，或共同委托检验人员抽样，送交指定的机构（可以是进口地的专业公会）检验确定。在我国出口的农副产品中，也有用"FAQ"来说明品质的。但是，我们所说的"FAQ"一般是指大路货，是和"精选货"（Selected）相对而言的，而且在合同中除了标明大路货之外，还订有具体规格。例如："木薯片2005年产，大路货，水分最高16%。"在交货时，则以合同规定的具体规格作为依据。

4. 凭说明书和图样买卖

在国际货物贸易中，有些机器、电器和仪表等技术密集型产品，因其结构复杂，对材料和设计的要求非常严格，用以说明其性能的数据较多，很难用几个简单的指标来表明其品质的全貌，而且有些产品，即使其名称相同，但由于所使用的材料、设计和制造技术的某些差别，也可能导致功能上的差异。因此，对这类商品的质量，通常是以说明书并附以图样、照片、设计、图纸、分析表及各种数据来说明其具体性能和结构特点。按此方式进行交易，称为凭说明书和图样买卖（Sale by Descriptions and illustrations)。

5. 凭商标或品牌买卖

商标（Trade Mark）是指生产者或商号用来说明其所生产或出售的商品的标志，由一个或几个具有特色的单词、字母、数字、图形或图片等组成。品牌（Brand Name）是指工商企业给其制造或销售的商品所冠的名称，以便与其他企业的同类产品区别开来，一个品牌可用于一种产品，也可用于一个企业的所有产品。前者是指每个产品使用一个品牌，以代表其具有不同的品质，如美国通用汽车公司出产的汽车，各有其不同的品牌；后者是指一个厂商所出产的各种商品，都使用同一品牌，以表示都达到该厂商规定的标准品质，如美国通用电气公司即以通用（GE）命名其所有的商品。

6. 凭产地名称买卖

在国际货物买卖中，有些产品因产区的自然条件、传统加工工艺等因素的影响，在品质方面具有其他产区的产品所不具有的独特风格和特色，对于这类产品，一般可用产地名称（Name of Origin）来表示其品质，如"四川榨菜""日照绿茶"等。

上述各种表示品质的方法，一般是单独使用，但有时也酌情将其混合使用。

三、合同中的品质条款

（一）品质条款的内容

买卖合同中品质条款的内容通常包括商品的品名、规格、等级、牌号及交接货物的品质依据等。凭样销售时，则需列明样品的编号及寄送日期，有时也附列简要的规格。品质条款是国际货物买卖合同的基本条件。合同有效成立后，卖方将承担所交货物的品质不符合合同规定的法律责任。故在订立品质条款时应在贯彻我国对外贸易的方针政策和体现平等互利原则的基础上，做到以下方面：①正确选用表示品质的方式，凡能用一种方式来表示其品质的，一般不要采用两种或两种以上的方式来表示，以免引起不必要的纠纷；②从生产实际出发，实事求是地制订反映品质的指标，不宜订得过高，以免造成生产和对外履约时的困难，也不应订得过低，以免影响商品的售价及销路，甚至降低出口商品声誉；③注意条款的科学性、灵活性、严密性、准确性，类似"合理误差"一类笼统的字眼应避免使用，且应避免用词绝对化，如用规格反映品质时，应选择主要指标，不宜订得太多、太繁，同时还需注意各个项目的内在联系。

（二）品质机动幅度与品质公差

订立品质指标时，需要注意必要的灵活性和科学性，不能订得过死。如若针对大豆只规定一个绝对的含油率"20%"，而无伸缩的余地，实践中无法做到，也不科学。如灵活订立品质指标，即采用品质机动幅度的方法，则会给生产和交货带来方便。品质机动幅度是指允许卖方所交商品的品质指标可在一定幅度内灵活掌握。具体规定方法有以下三种。①规定范围：如棉布布幅47/48英寸，即布的幅阔只要在47英寸到48英寸间，就符合规定。②规定极限：常用最大（Maximum 或 Max）、最小（Minimum 或 Min）、最高（Maximum 或 Max）、最低（Minimum 或 Min）等词来表示。如出口芝麻可规定含油量50%（最低）、水分8%（最高）、杂质19%（最高）。③规定上下差异：如同样是芝麻，可订为含油量15%，上下1.5%（1.5% more of less）或含油量15%±1.5%。一般而言，在品质机动幅度内，交货品质如有上下差异，均按合同计价，而不另做调整。但有的商品，经买卖双方协商同意，也可按比例计算增减价格。如出口东北大豆，除规定主要误差，也可由买卖双方共同议定。品质公差（Quality to Lerance）是指国际上公认的产品品质的误差。如手表走时的误差、棉纱支数的确定等。

第三节 数量

一、约定进出口商品数量的意义

商品数量是指对合同标的物的计量,是以数字和计量单位来表示标的的尺度,其数量主要表现为一定的长度、体积或者重量、数量等。交易双方约定的数量乃是交接货物的法律依据,也是衡量合同当事人权利和义务大小的尺度。因此,《联合国国际货物销售合同公约》(以下简称《公约》)把商品数量作为构成发盘内容不可缺少的基本要素之一,要求在提出的订约建议中,必须明示或默示地规定货物的数量,或约定规定数量的方法,这充分表明,数量条款是国际货物买卖合同中一项不可缺少的主要交易条款。《公约》规定,按约定数量交货是卖方的一项基本义务。此外,许多国家的法律规定也都把数量条件作为合同的要件,卖方必须按约定数量交货,否则,买方有权要求赔偿损失,甚至拒收货物。

需要注意,在履约过程中,如卖方交货数量大于或小于约定数量时,该如何处理。《公约》第37条和第52条对此有明确规定:"如卖方交货数量少于约定的数量,卖方应在约定的期限内补交,由此造成的损失,买方有权提出损害赔偿要求;如卖方交货数量大于约定的数量,买方可以拒收多交的部分,也可以收取多交部分的全部或一部分,但买方对其多收的货物,仍应按合同价格付款。"《公约》的这些规定,是原则性与灵活性相结合的体现,是实事求是、合情合理的。

综上所述,足见数量条款是十分重要的,它不仅约定了交易双方成交商品的数量,而且还涉及与之相关的权利与义务,它既是买卖双方交接货物的基本依据,也是涉及处理与交接数量有关的索赔与理赔问题的依据。因此,在国际货物买卖合同中,合理确定成交数量和订好数量条款,具有重要的法律和实践意义。

二、计量单位、计量方法

在国际货物贸易中,由于商品的种类、特性和各国度量衡制度不同,故计量单位和计量方法也多种多样。了解各种度量衡制度,熟悉各种计量单位的特定含义和计量方法，是外贸从业人员必须具备的基本常识和技能。

（一）计量单位

国际货物贸易中使用的计量单位很多，究竟采用何种计量单位，除主要取决于商品的种类、特点外，还取决于贸易习惯和交易双方的意愿。

1. 常用计量单位

国际货物贸易中不同类型的商品，需要采用不同的计量单位。通常使用的有下列几种：

（1）按重量（Weight）计算。这是当今国际货物贸易中广为使用的一种计量方法，许多农副产品、矿产品和工业制成品，都按重量计量。按重量计量的单位有公吨（Metric Ton）、长吨（Long Ton）、短吨（Short Ton）、公斤（Kilogram）、克（Gram）、盎司（Ounce）等。对黄金、白银等贵重商品，通常采用克或盎司来计量。钻石之类的商品，则采用克拉（Carat）作为计量单位。

（2）按数量（Quantity）计算。大多数工业制成品，尤其是日用消费品、轻工业品、机械产品以及一部分土特产品，均习惯于按数量进行买卖。其所使用的计量单位有件（Piece）、双（Pair）、套（Set）、打（Dozen）、卷（Roll）、令（Ream）、罗（Gross）以及袋（Bag）和包（Bale）等。

（3）按长度（Length）计算。在绳索、丝绸、布匹等类商品的交易中，通常采用米（Meter）、英尺（Foot）、码（Yard）等长度单位来计量。

（4）按面积（Area）计算。在玻璃板、地毯、皮革等商品的交易中，一般习惯于以面积作为计量单位，常见的有平方米（Square Meter）、平方英尺（Square Foot）、平方码（Square Yard）等。

（5）按体积（Volume）计算。按体积成交的商品有限，仅用于木材、天然气和化学气体等。属于这方面的计量单位有立方米（Cubic Meter）、立方英尺（Cubic Foot）、立方码（Cubic Yard）等。

（6）按容积（Capacity）计算。各类谷物和流体货物往往按容积计量。其中，美国以蒲式耳（Bushel）作为各种谷物的计量单位，但每蒲式耳所代表的重量，则因谷物不同而有差异。例如，每蒲式耳亚麻籽为56磅，燕麦为32磅，大豆和小麦为60磅。公升（Litre）、加仑（Gallon）则用于酒类、油类商品。

2. 国际贸易中的度量衡制度

世界各国的度量衡制度不同，致使计量单位上存在差异，即同一计量单位所表示的数量不同。在国际交易中，通常采用公制（The Metric System）、英制（The British System）、美制（The U.S. System）和国际标准计量组织在公制基础上颁布的国际单位制（The International System of Units，简称 SI）。

由于度量衡制度不同，即使是同一计量单位所表示的数量差别也很大。就表示重量的吨而言，实行公制的国家一般采用公吨，每公吨为 1000 公斤；实行英制的国家一般采用长吨，每长吨约为 1016 公斤；实行美制的国家一般采用短吨，每短吨约为 907 公斤。此外，有些国家对某些商品还规定有自己习惯使用的或法定的计量单位。以棉花为例，许多国家都习惯于以包（Bale）为计量单位，但每包的含量各国解释不一：如美国规定棉花每包净重为 480 磅，巴西规定棉花每包净重为 396.8 磅，埃及规定棉花每包净重为 730 磅。又如糖类商品，有些国家习惯采用袋装，古巴规定每袋糖重为 133 公斤，巴西规定每袋糖重为 60 公斤等。由此可见，了解各种不同度量衡制度下各计量单位的含义及其计算方法是十分重要的。为了解决由于各国度量衡制度不一带来的弊端，以及促进国际科学技术交流和国际贸易的发展，国际标准计量组织在各国广为通用的公制的基础上采用国际单位制（SI）。国际单位制的实施和推广，标志着计量制度日趋国际化和标准化，现在已有越来越多的国家采用国际单位制。

根据《中华人民共和国计量法》规定："国家采用国际单位制。国际单位制计量单位和国家选定的其他计量单位，为国家法定计量单位。"目前，除个别特殊领域外，一般不许再使用非法定计量单位。我国出口商品，除照顾对方国家贸易习惯约定采用公制、英制或美制计量单位外，应使用我国法定计量单位。我国进口的机器设备和仪器等，应要求使用法定计量单位，否则，一般不许进口，如确有特殊需要，也必须经有关标准计量管理部门批准。

（二）计算重量的方法

在国际货物贸易中，按重量计量的商品很多。根据一般商业习惯，通常计算重量的方法有下列几种：

1. 毛重（Gross Weight）

毛重是指商品本身的重量加包装物的重量。这种计重方法一般用于低货值的商品。

2. 净重（Net Weight）

净重是指商品本身的重量，即除去其包装物后的商品实际重量。这是国际贸易中最常见的计重方法。不过，有些价值较低的农产品或其他商品，有时也采用"以毛作净"（Gross for Net）的办法计重。例如，蚕豆 100 公吨，单层麻袋包装，以毛作净。所谓"以毛作净"，实际上就是以毛重当作净重计价。

在采用净重计重时，对于如何计算包装重量，国际上有下列几种做法：

（1）按实际皮重计算。实际皮重即指包装的实际重量，它是指对包装逐件衡量后所得的总和。

（2）按平均皮重计算。如果商品所使用的包装比较划一，重量相差不大，就可以从整批货物中抽出一定的件数，称出其皮重，然后求出其平均重量，再乘以总件数，即可求得整批货物的皮重。

（3）按习惯皮重计算。有些商品，由于其所使用的包装材料和规格已比较固定，皮重已为市场所公认，因此，在计算其皮重时，就无须对包装逐件过秤，按习惯上公认的皮重乘以总件数即可。

（4）按约定皮重计算。即以买卖双方事先约定的包装重量作为计算的基础。以上表明，国际上计算皮重的方法很多，究竟采用何种方法来求得净重，应根据商品的性质、所使用包装的特点、合同数量以及交易习惯，由双方当事人商定并在合同中具体订明，以免履约时引起争议。

3. 公量

国际货物贸易中的棉花、羊毛、生丝等商品价值较高，且有较强的吸湿性，其所含的水分受客观环境影响较大，故其重量很不稳定，为了计算这类商品的重量，国际上通常采用按公量计算的办法，即以商品的干净重（指烘去商品水分后的净重）加上国际公定回潮率与干净重的乘积所得出的重量。故其计算公式有下列两种：

公量 = 商品干净重 × （1 + 公定回潮率）

公量 = 商品实际重量 × $\dfrac{1 + 公定回潮率}{1 + 实际回潮率}$

4. 理论重量

对于某些按固定规格生产和买卖的商品，只要其规格一致，每件重量大体是相同的，一般可以从其件数推算出总量。但是这种计重方法是建立在每件货物重量相同的基础上的，重量如有变化，其实际重量也会产生差异，因此只能作为计重时的参考。

5. 法定重量与实物净重

按照一些国家海关法的规定，在征收从量税时，商品的重量是以法定重量计算的。所谓法定重量是商品重量加上直接接触商品的包装物料，如销售包装等的重量。而除去这部分重量所表示出来的纯商品的重量，则称为实物净重。

三、数量条款的基本内容

在我国进出口合同中，数量条款通常包括成交数量、计量单位和计量方法等内容。由于商品种类很多，其性质、特点各异，加之各国度量衡制度不同，致使计量单位和计量方法也多种多样，因此，数量条款内容的繁简，主要取决于商品的种类和特性。在大宗商品（如矿砂、化肥和粮食等）的交易中，由于受商品特点、货源变化、船舱容量、装载技术和包装等因素的影响，有时难以准确地按约定数量交货，为了便于履约，在洽商数量条件时，可加订数量增减或溢短装条款，并订明由何方来行使此项机动幅度的选择权。此外，多装或少装部分的计价方法，也应一并订明。为了防止当事人根据其自身利益随意增加或减少交货数量，也可在数量机动幅度条款中，加订"此项机动幅度，只是为了适应船舶实际装载量的需要时才能适用"的文句。

四、约定数量条款的注意事项

（一）正确掌握成交数量

成交数量的确定，不仅关系到进出口合同的履行，而且还涉及对外政策和经营意图的贯彻，因此，在商订数量条款时，应当做到心中有数，防止盲目成交。

（二）合理约定数量机动幅度

数量机动幅度的选择究竟由谁行使合适，应视成交条件和双方当事人的意愿而定。一般地说，如采用海运，应由负责安排船运输的一方来选择比较合理。例如，按 FOB 条件成交，应由派船接货的买方来选择；按 CFR 或 CIF 条件成交，应由派船送货的卖方来选择。此外，也可规定由船长根据舱容和装载情况做出选择。

（三）溢短装数量的计价方法要公平

在通常情况下，对机动幅度范围内多装或少装部分，一般按合同价格计算。但为了防止合同当事人利用市场行情的变化，故意多装或少装，以获取额外收入，也可在合同中规定，多装或少装部分，不按合同价格计价，而按装船时或到货时的市场价格计价，以体现公平合理的原则。

（四）数量条款的规定应明确、具体

在数量条款中，对成交商品的具体数量、使用何种计量单位和计量方法、数量机动幅度的大小及其选择权由谁掌握以及溢短装部分的具体作价办法等内容，都应一一订明。此外，对成交数量一般不宜采用"大约""近似""左右"等带伸缩性的字眼来表示，以免引起解释上的分歧而给履约造成困难。

第四节 包 装

在国际货物贸易中,大多数商品都需要有一定的包装,以保护商品在流通和销售过程中质量完好和数量完整,并为货物的运输、交接和保管等环节的操作提供方便。由于商品包装涉及买卖双方的利益,包装条件也是买卖合同的主要条件。

一、包装的重要性与约定进出口商品包装条件的意义

(一) 包装的重要性

商品包装是商品生产的继续,追加在包装上的费用也属生产费用。凡需要包装的商品,只有通过包装,才算完成了生产过程,商品才能进入流通领域和消费领域,以实现其使用价值和价值,这是因为,包装是保护商品在流通过程中质量完好和数量完整的必要措施。有些商品,如液体商品、流质食品和照相胶卷等,必须使用包装,它们同包装已成为不可分割的整体。因此,在国际货物贸易中,除少数商品难以包装、不值得包装或根本没有必要包装而采用散装(In Bulk)或裸装(Nude Pack)外,其他绝大多数商品都需要有适当的包装。商品经过适当包装,不仅便于运输、装卸、搬运、储存、保管、清点、陈列和携带,而且不易丢失或被盗,并具有促销的作用。

(二) 约定进出口商品包装条件的意义

在国际货物贸易中,交易双方都十分重视商品的包装和包装条件的约定,他们都视包装为说明货物的重要组成部分,视包装条件为买卖合同中的一项主要交易条件。《联合国国际货物销售合同公约》第 35 条规定,卖方交付约定的货物,"必须按照同类货物通用的方式装箱或包装,如果没有此种通用方式,则按照足以保全和保护货物的方式装箱和包装",否则即为与合同不符。其他许多国家的法律也规定,如卖方交付的货物未按约定的条件包装,或者货物的包装不符合行业习惯,买方有权拒收货物。由此可见,重视出口商品包装工作,并切实按约定的包装条件与行业习惯进行包装对顺利履行合同有着重要的意义。

根据包装在流通过程中所起作用的不同,可将包装分为运输包装(即外包装)和

销售包装（即内包装）两种类型。前者的主要作用在于保护商品和防止出现货损货差；后者除起保护商品的作用外，还有促销的功能。为了充分发挥包装的作用，以扩大商品出口和提高经济效益，我们必须高度重视包装工作，切实掌握包装方面的基本知识，密切注意国际市场的包装动态，并订好合同中的包装条款。

二、进出口货物的运输包装

（一）对进出口货物运输包装的要求

1. 必须适应货物的特性

每种产品都有自己的特性，例如，水泥怕潮，玻璃制品容易碎，流体货物易渗漏流失等，这就要求运输包装相应具有防潮、防震、防漏、防锈和防毒等良好的性能。

2. 必须适应各种不同运输方式的要求

不同运输方式对运输包装的要求不同，例如，海运包装要求牢固，并具有防止挤压和碰撞的功能；铁路运输包装要求具有防震的功能；航空运输包装要求轻便而且不宜过大。

3. 必须考虑有关国家的法律规定和客户的要求

各国法律对运输包装的规定不一，例如，美国政府宣布，从1998年12月17日起，凡未经处理的中国木制包装箱和木制托架，一律不准入境，以免带进天牛（即甲虫）而危害美国森林。

4. 要便于运输物流各环节有关人员进行操作

货物在运输过程中需要经过装卸、搬运、储存、保管、清点和查验，为了便于这些环节的有关人员进行操作，包装的设计要合理，包装规格和每件包装的重量与体积要适当，包装方法要科学，包装上的各种标志要符合要求，这就需要根据不同商品实现运输包装标准化。因为，标准化的运输包装既易于识别、计量和查验，又便于装卸、搬运和保管。

5. 要在保证包装牢固的前提下节省费用

运输包装成本的高低和运输包装重量与体积的大小，都直接关系到费用开支和企业的经济效益。因此，在选用包装材料、进行包装设计和打包时，在保证包装牢固的前提下，应注意节省费用。比如：选用最轻、价廉而又结实的包装材料，有利于降低包装成本和节省运费；包装设计合理，可以避免用料过多或浪费包装容量；包装方法科学，有利于节省运费。例如，轻泡货物按体积收取运费，包装紧密，体积小，可以少付运费。此外，还要考虑进口国家的关税税则。对输往从价征税的国家的出口包装，就不宜采用价格昂贵的包装，以免遭受损失。

(二) 进出口货物运输包装的分类

运输包装的方式和造型多种多样，包装用料和质地各不相同，包装程度也各有差异，这就导致货物运输包装的多样性。一般地说，运输包装可从下列各种不同的角度分类：

1. 按包装方式分

按包装方式不同，可分为单件运输包装和集合运输包装。前者是指货物在运输过程中作为一个计件单位的包装；后者是指将若干单件运输包装组合成一件大包装，以更有效地保护商品，提高装卸效率和节省运输费用。在国际货物贸易中，常见的集合运输包装有集装包和集装袋，通常是用塑料重叠丝纺织成的圆形大口袋或方形大包。这种集装袋或包的容量一般为1～4吨，最高达13吨。此外，随着集装箱运输和托盘运输的出现，将货物装在特制的集装箱内或固定在特制的托盘上进行运输的情况越来越多。虽然集装箱和托盘是运载工具的组成部分，但由于它们也起着保护商品的作用，故有人把它们也当作运输包装看待。

2. 按包装造型分

按包装造型不同，可分为箱、袋、包、桶和捆等不同形状的包装。

3. 按包装材料分

按包装材料不同，可分为纸制包装，金属包装，木制包装，塑料包装，麻制品包装，竹、柳、草制品包装，玻璃制品包装和陶瓷包装等。

4. 按包装质地分

按包装质地不同，可分为软性包装、半硬性包装和硬性包装。

5. 按包装程度分

按包装程度不同，可分为全部包装（Full Packed）和局部包装（Part Packed）两种。前者是指对整个商品全面予以包装，绝大多数商品都需要全部包装；后者是指对商品需要保护的部位加以包装，而不受外界影响的部分则不予包装。

在国际货物贸易中，买卖双方究竟采用何种运输包装，应考虑商品特性、形状、贸易习惯、货物运输路线的自然条件、运输方式和各种费用开支大小等因素。在洽商交易时谈妥，并在进出口合同中列明。

三、运输包装的标志

运输包装的标志可分为运输标志、指示标志和警告性标志。

(一) 运输标志

运输标志（Shipping Marks）又称唛头，是指书写、压印或刷制在外包装的图形、文字和数字。它通常由一个简单的几何图形和一些英文字母、数字及简单的文字组成。

其主要内容包括：收、发货人代号；目的地；件号、批号。其主要是使货物在装卸、运输、保管过程中容易被有关人员识别，以防错发错运。

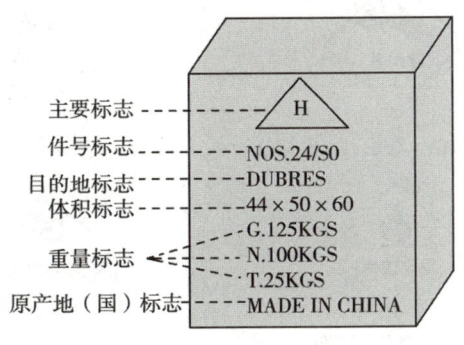

运输标志

《国际标准银行实务》（ISBP）第 36 条指出，使用唛头的目的在于，能够标志箱、袋及包装，如果信用证对唛头的细节做了规定，则载有唛头的单据必须显示这些细节，但额外信息是可以接受的，只要它与信用证的条款不矛盾。根据国际标准化组织制定的"标准运输标志"的规定，运输标志使用的是带"△"号的四行文字，每行不超过 17 个字母，其中，目的港（地）名称与件号是必不可少的。

（二）指示标志

指示标志又称保护标志，由辅以英文说明的一些国际通用图形组成，用以说明与搬运易碎、易损、易变质的商品有关的操作事项。如 HANDLE WITH CARE（小心轻放）；USE NO HOOK（请勿用钩）；THIS SIDE UP（此端朝上）；KEEP DRY（保持干燥）；SLING HERE（由此吊起）等。

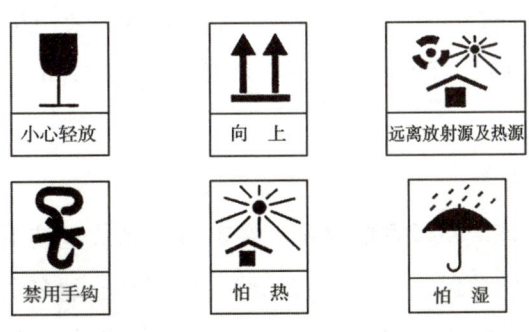

指示标志

（三）警告性标志

警告性标志属于法定标志，主要用于说明易燃、易爆、有毒、有放射性、腐蚀性、氧化性等危险品的性质，以提醒操作人员注意。我国在出口危险品时，外包装上一般既要刷制我国规定的危险品标志，也要刷制联合国组织制定的配有英文说明的标准图案。

警告性标志

四、销售包装

（一）商品条形码

商品条形码（Product Code）已被公认是国际通用的"身份证"，是货物进入国际市场的"入场券"。它是一种利用光电扫描阅读设备识读并实现数据输入计算机的特殊代号，是一组由粗细不同、黑白色彩相同的条及间隔不等的空与对应的数字，按规定的编码规则组合起来的，用以表示一定信息的图形，这些信息包括商品的品名、规格、价格、制造商等。目前，国际上通用的商品上的条形码有两种：一种是通用于北美地区的 UPC 条码，它被应用于食品、出版物、音像磁带、金属制品等物品上，常用于包装、销售、记账和数据处理等方面。另一种是世界广泛采用的 EAN 条码，由国际物品编码协会统一分配和管理。1991年4月我国正式加入该协会，并被分配以"690"表示我国的国别号。因此，标有"690"为前缀的条形码的商品，即表示是中国出产的商品。

（二）定牌和中性包装

定牌在国际贸易中是指，买方要求卖方在出口商品或包装上使用买方指定的商标或品牌。中性包装是指商品包装上既没有标明生产国别、地名和制造厂商标志，也不标明商品原有的商标和品牌的一种特殊包装。它有定牌中性包装和无牌中性包装之分。前者是指商品或包装上使用买方指定的商标或牌号，但不注明制造商国别、地名、厂名；后者是指商品或包装上均不注明任何标记。

（三）OEM

OEM 是英文 Original Equipment Manufacturer 的缩写，按照字面意思，应翻译成原始设备制造商，指一家厂商根据另一家厂商的要求，为其生产产品和产品配件，亦称为定牌生产或授权贴牌生产。它既可代表外委加工，也可代表转包合同加工。国内习惯称为协作生产、三来加工，俗称加工贸易。

五、包装条款

包装条款是用来规定货物包装方式、包装材料、包装费用负担和运输方式等方面内容的条款，一般包括包装材料、包装方式、包装规格、包装标志等内容。

规定包装条款应注意的问题有以下几个：

（1）考虑商品的特点和不同运输方式的要求。商品的特性、形状和使用的运输方式不同，对包装的要求也不相同，必须从商品在储运和销售过程中的实际需要出发，使约定的包装科学、合理并达到安全适用和适销的要求。

（2）对包装的规定要明确具体。应明确规定包装材料、造型和规格。一般不宜采用"海运包装"和"习惯包装"之类的术语。

（3）明确包装由谁供应和包装费用由谁负担。包装由谁负担，通常有下列三种做法：①由卖方供应包装，包装连通商品一起交付买方。②由卖方供应包装，但交货后，卖方将原包装收回。③买方供应包装或包装物料。应明确规定买方提供包装或包装物料的时间，以及由于包装物料未能及时提供而影响发运时买卖双方所负的责任。

本章小结

本章重点掌握进出口贸易中商品的品名、品质、数量、包装四个商品的主要维度，除需认真理解品名、品质、数量、包装的含义和规定方式外，还需学习者能够灵活掌握有关合同条款的制订。进出口双方在约定商品的四个维度时，需要注意的是，其既要明确具体，避免过于笼统，又要恰当合理，避免画蛇添足。

【课后思考】

1. 请说出表示商品重量的单位，及约定商品重量的方法。
2. 请描述运输包装标志的分类。
3. 表示进出口商品质量的方法有哪些？

第五章 交易前的准备工作

【学习目标】
1. 了解进出口交易前准备工作的基本内容。
2. 初步掌握进出口贸易的基本原理和相关操作。

国际货物贸易自交易开始至交易结束,一般经历四个阶段,即交易前准备、交易磋商、书面合同签订及合同履行,其中交易前准备阶段是最基本的阶段。俗语"良好的开端,成功的一半"启示我们,此阶段工作做得好与坏,直接关系到该笔交易能否最终成功,或者交易进程能否顺利开展。因此,国际贸易业务人员需加以重视。当然,因进出口商所处地位不同,出口交易前与进口交易前准备的具体工作内容会存在一些差异。

第一节 出口交易前准备工作

实践中，不存在两笔完全相同的交易。因此，不同出口商在各自的业务中，或者同一出口商在其自身不同时期的业务中，其前期准备工作的内容亦存在一定差异。但一般而言，出口交易前准备工作主要包括：海外市场调研、出口货源落实、出口商品经营方案制订、经贸洽谈人员选派、交易磋商内容确定、出口商品广告宣传及出口商品商标注册等。

一、海外市场调研

洽商交易前需先行对海外市场进行深入调研，选择好目标市场，并确立交易对象。调研内容主要包括国别调研、市场调研及客户调研等。

（一）国别调研

国别调研的目的在于了解有关贸易伙伴国家或地区的政治、经济及贸易状况、消费水平、生产力发展水平、产业结构特点、宏观经济政策、货币制度、经济法律和条约等。通过调研，对贸易伙伴国或地区的环境有一个总体了解，预估可能存在的风险与收益，应尽可能地与总体环境好的国家或地区的企业开展合作。国别调研应以政府部门为主，企业为辅进行。目前，由中国出口信用保险公司发布的《国家风险分析报告》可供出口企业参考。

（二）市场调研

该项工作一般以企业为主进行。

1. 调研目标

通过市场调研，可以了解：

（1）销售地区，即"何地卖"。

（2）销售时机，即"何时卖"。

（3）销售方式，即"怎么卖"。

（4）销售对象，即"卖给谁"。

(5) 销售可行价格，即"卖多少"。

(6) 该产品在生命周期中所处的阶段，以及该产品在相关市场的竞争和垄断程度等。

2. 调研内容

概括而言，市场调研内容包括以下几点：

(1) 商品基本知识。它具体包括商品的品种、规格、性能、用途、包装、商标、储存与运输方法等。

(2) 商品产、销、存及进出口贸易量。①生产，应从整个世界市场研究商品的生产数量、生产成本、垄断程度、劳动生产率变化及生产工艺变革等；②销售，包括世界总销售量、主要进口国家或地区的销售量、销售趋势及影响销售量的因素等；③储存，包括进口市场同类产品生产企业的库存、消费者手中储存、商家储存，此外有时还包括政府战略储备。④进出口贸易量，包括各国或地区进出口商品数量的变化情况、进出口商品流向等。

(3) 商品价格。它包括价格变化趋势以及影响商品价格的因素等。

(三) 客户调研

对客户进行调研的目的主要是使出口合同建立在更为可靠的基础上。调研主要包括以下内容：

(1) 客户基本情况。包括客户性质、经营范围、业务地区及其与世界其他客户及我国其他客户开展贸易的情况。

(2) 客户背景。主要包括客户的政治经济背景及其对我国的态度。所有愿意在平等互利前提下进行友好贸易往来者，我们均应以积极态度与其进行交往。

(3) 支付能力。主要包括客户注册资本、营业状况、资本负债状况等。

(4) 经营能力。主要包括客户活动能力、购销渠道、经营做法、仓储设施等。

(5) 经营作风。主要包括客户商业信誉、商业道德、服务态度及公关能力等。

业务中唯有对海外厂商有了一定甚至非常充分的了解，我们才可与之建立业务联系。在以往我国外贸实践中，常有因对对方情况了解欠充分，匆忙与之进行业务往来活动而造成重大损失的事件发生。因此在交易磋商之前，一定要对国外客户的资金和信誉状况有清晰的把握，不可急于求成。在对客户资信经过咨询及调研后，应建卡立档，以备随时查询。

实际工作中，调研方法主要有两种，其一是案头调研，主要可从以下途径获取相关信息：①一般性资料，如官方公布的国民经济总括性数据资料，内容包括 GDP（或 GNI）、国际收支状况、对外贸易总量、通货膨胀率和失业率等；②国内外综合刊物；

③我国驻外机构或驻外公司提供的信息。其二是实地调研,即由企业自身或委托专门调查机构深入目标海外市场进行实地调查。实践中,考虑到成本等多方面因素,通常以案头调查为主,实地调查为辅。

二、备货

备货是出口工作的基础。无论是专业外贸公司、自营出口企业抑或作为自然人身份出现的外贸从业者,均需对出口商品的生产、销售、品质、数量及利润目标等有充分了解。对某些国家需要协调出口的商品,应取得出口商品协调机构或商会同意,并持有关单位准许出口的批文或出口许可证、配额等。

三、制订出口商品经营方案

出口商品经营方案是以出口商品为中心,在广泛调研基础上,根据国别政策、客户政策及经营意图,结合国际贸易及国际市场发展趋势,在对外洽商交易前制订的在一定时期内(通常为1年)的出口推销设想、做法及全面安排。它是指导和进行交易磋商的依据。在我国外贸实践中,对大宗、重点商品习惯制订经营方案,对中小商品则以出口价格方案代替。

(一)出口商品经营方案的内容

出口商品经营方案一般应包括以下内容:

(1)国内产销及货源情况。包括国内生产能力、内销安排、出口货源、可供数量及时间、价格、品质、规格、包装,此外还包括存在问题及解决办法等。

(2)海外市场情况。如海外市场容量、消费情况、同类产品的生产与贸易情况,主要进口国家的交易情况,今后可能的变化趋势,品质、规格、包装、性能、价格及主要竞争对手等各方面信息。

(3)出口经营情况。包括出口商品成本、创汇率、盈亏率情况及前期出口销售概况与存在问题、解决方法及经营该种商品的主要经验和教训等。

(4)经营计划安排及措施落实。包括分时间、品种、数量、金额、国别地区的计划进度及为实现营销计划应采取的具体措施如贸易方式、销售渠道、收汇方式、营销手段、运输方式及安排等。

(二)出口商品经营方案制订原则

(1)可行性:应在周密调研基础上,了解国外市场的需求和国内生产的可能。

(2)具体性:应将任务具体落实到客户,并明确具体通过何种销售渠道,采用何种推销方法,关键问题如何解决等。

(3)效益性:与其他经济工作一样,出口工作务必以经济效益为中心,从创汇、盈亏等方面严格核算。

（4）灵活性：应充分考虑国内外市场的生产供应情况。

四、经贸洽谈人员的选派

精干的谈判班子有助于保证贸易谈判成功。选派洽谈人员时首先应注重谈判人员的个人素质，同时也应关注班子的整体结构。

作为谈判人员应品格端正、业务娴熟、思维敏捷，有良好的洞察能力和判断能力，善于利用策略，广交朋友，有胆识，有勇气，有耐心，有智谋。

作为一个健全的谈判班子应具备如下品格：①忠诚于自己所代表的国家（地区）和经济实体，政策水平高，组织纪律严格；②专业结构合理，班子成员知识结构合理，分工明确，谈判组通常应包括主谈人员、决策人员、秘书及必要的翻译等；③团结和谐，协调促进，一致对外，当机立断。

五、交易磋商内容的确定

理论上，交易磋商内容需包括品名、品质、数量、包装、价格、运输、保险、支付等主要交易条件，还需包括商检、索赔、仲裁及不可抗力等一般交易条件。唯有买卖双方就上述内容逐一达成一致意见，方能充分体现"契约自由"的原则。实践中，并非每次磋商均需逐一列出所有条款并逐条商讨。这是因为，在一般商品交易中，特别是在老客户之间常将商检、索赔、仲裁、不可抗力，有时甚至还包括保险等交易条件印成一份书面文件或印在标准格式合同中，作为日后交易的基础。鉴于这些交易条件带有共同性的内容，经双方协商同意后，成为双方交易的共同基础，无须每次重复商谈。

六、出口商品的广告宣传

出口商品的广告宣传是出口营销的重要环节。随着我国出口贸易规模不断扩大，外贸企业对出口商品广告宣传工作重要性的认识越来越深刻，且它仍将是扩大我国出口贸易的重要途径。出口商品的广告宣传工作，应注意以下一些原则和要求：

（1）宣传需体现我国外贸方针政策，内容应实事求是，严肃认真；宣传品设计应健康活泼，不落俗套。

（2）拟宣传商品需做到性能、质量稳定，供应正常，且境外已建有销售网，有关安排已基本确立，且比较可靠。

（3）宣传工作需有针对性，应配合业务需要，以业务计划及经营意图为依据，有计划、有步骤、有目标、有重点地进行。应配合业务活动的情况和进度区别不同商品、不同市场和不同对象，采用不同方式，选择适当时间进行宣传。

（4）宣传文字应简单明了、通俗易懂，并能适应国外环境，尊重当地风俗习惯。

(5) 广告发布后，应及时检查，并密切注意反响与效果。

七、出口商标及域名注册

商标是企业的重要无形财产。国际市场上，商标是广告宣传的重要内容，亦是进行市场竞争的重要手段之一。在商品进入国外市场前，应先将商标注册手续办妥，然后再大力宣传推销。对一些"明星"产品及市场畅销、容量较大的出口商品更需如此，否则被国外不法商人抢先注册，不但会阻止我国商品进入该市场，且外商还会以商标侵权为由，在我向其市场营销相关产品时索取高额酬金，牟取暴利，有时甚至还会形成不法商人垄断经营，导致我方受制于人的局面。故在向海外市场，尤其是主销市场销售商品前，务必在海外市场获得商标专用权及当地法律的保护，以防止假冒。

办理出口商品商标注册，首先应在国内注册，在国内取得商标专用权的法律保护。在国外注册时，可委托中国国际贸易促进委员会或资信好的国外友好客户作为代理人在当地办理，而在港、澳及东南亚地区则可委托我驻港、澳地区贸易机构代办。

当今社会，随着电子商务的发展，域名所具有的商业意义已远远大于其技术意义，成为企业在新科学技术条件下参与国际市场竞争的重要手段，它不仅代表企业在网络上的独有位置，亦是企业产品、服务范围、形象、商誉等的综合体现，是企业无形资产的一部分。与其他行业相比，外贸企业更依赖互联网，因此，及时注册域名具有重要的现实意义。

八、建立业务关系

对国际贸易从业者而言，客户就是财富。但通过前期市场调查特别是客户调查并选择了目标客户后，对方并非一定会愿意成为你的真正客户，即使对方愿意成为你的客户，也并非随时在公司等待你登门拜访。因此，应注重与目标客户业务关系的建立。而在国际商务沟通中，给潜在客户写信是建立业务关系的常用办法，即在业务关系的建立过程中，需要以一份"建立业务关系的信函"开道。由于英语是最常用的国际商务语言，因此，在建立业务关系信函的写法上，熟悉并掌握英语行文方式非常重要。

（一）建立业务关系信函的内容

一般而言，一份建立业务关系的信函应该包括以下内容：
(1) 获取对方地址及经营范围信息的途径。
(2) 去函目的。
(3) 自我介绍，包括公司性质、基本业务范围等。
(4) 拟推销或购买产品的介绍。

（5）必要时，可向对方提供资信证明人信息，以便对方深入了解己方资信状况。

（6）随寄公司简介、商品目录、价目表和小册子等，以便对方更全面把握己方信息。

建立业务关系信函的语言表达应诚恳、真挚；回复时，则应及时、礼貌，并准确回答对方希望获得的补充信息，以增强对方对己方的好感。即使不能满足对方要求或暂时不愿意建立业务关系，也应及时回复并委婉告知原因。

（二）建立业务关系信函的写作与回复技巧

这里以出口商为例，介绍如何合理书写建立业务关系信函并进行回复。

1. 建立业务关系信函的书写步骤及样例/表达方式

第一步：说明信息获取的来源（To explain the sources of the information）

例：

We have obtained your name and address from the Internet.（我们从互联网上获得贵公司名称及地址。）

Your firm has been recommended to us by（person，firm）.［贵公司是由（某人、某公司）推荐给我们的。］

We learn through our Embassy/Commercial Office that...（我们从我国的领事馆/商务办公室获悉……）

We are indebted to（person，firm）for your name and address.［非常感谢（某人、某公司）向我方提供了贵方的名称与地址。］

Your company has been kindly introduced to us by...（贵公司由……介绍给我们。）

Our market showed that you are the largest importer of garments in your market.（我们的市场显示你方是你们市场最大的服装进口商。）

We learned from the Chamber of Commerce of China（CCPIT：China Council for the Promotion of International Trade）that you are interested in Chinese handicraft.［我们从中国国际商会（CCPIT，中国国际贸易促进委员会）获悉贵方对我国手工艺品感兴趣。］

第二步：言明去信的目的（To make clear your goal）

例：

We express our desire to...（我方愿意……）

We are now writing to you for...（我们现写信愿意……）

We wish to express our desire to enter into business relationship with you.（我们愿意与你方建立业务关系。）

In order to expand our products into Latin America, we are writing to you to seek cooperation possibilities.（为了扩大我方产品在拉美市场的份额，我们现给贵方去信以寻找合作可能性。）

第三步：自我介绍

自我介绍（Introduction of myself），一般包括本公司法律特征（Legal Characters）、经营领域（Operating Field）、自身优势（Own Advantages）等。

例：

We are among the Top100 in terms of export value.（我公司是出口额百强企业之一。）

We are a leading company with 10 years'experience in machinery export business.（我们是家拥有 10 年机械出口业务经验的公司。）

We enjoy a good reputation internationally in the circle of electronic products.（我们在国际电子产品界享有良好的声誉。）

We have our principle as "Clients needs come first".（我们的原则是顾客至上。）

A credible sales network has been set up and we have our regular clients from over 100 countries and regions.（我们已建立了可靠的销售网络，有来自100多个国家和地区的长期客户。）

第四步：产品介绍（Introduction of products）

对于产品介绍，可分为两种情形。

情形1：非常明确对方需求。

此时，可进行具体推荐性的介绍。

例：

Art No. ABC is our newly launched one with superb quality, fashionable design and competitive price.（ABC 号产品是我们最新推出的一款新产品，其品质精湛，设计时尚，且价格极具竞争力。）

情形2：不明确对方具体需求。

此时，可仅就公司经营产品的整体情况，如质量标准、价格水平、目前销路等进行介绍即可。

例：

To give you a general idea of our products, we are enclosing our catalogue for your reference.（为了给您一个关于我们产品的总体思路，随函附上我们的产品目录供您参考。）

第五步：激励性结尾（Inspiring ending）

例：

We are appreciating your answer.（盼复！）

Your early reply is appreciated. （盼早复！）

We are looking forward to your specific inquiries. （我们期待您的具体询盘。）

Your comment on our products or any information on your market demand will be really appreciated. （我方对贵公司关于我们产品或您所在市场需求的任何信息的评论将不胜感激！）

2. 回复建立业务关系信函的书写步骤及样例/表达方式

对于收到的对方发来的建立业务关系信函，应及时回复。其写作步骤及样例/表达方式如下：

第一步：感谢对方对你公司的热情

例：

Many thanks for your timely reply. （感谢贵方及时回复。）

Thank you for your interest in... （感谢贵方对……感兴趣。）

We have received... （我们已收到……）

第二步：表达愿与对方建立业务关系的热情

例：

This is also our desire. （这也是我们的期望。）

Your wish of establishing business relations coincides with ours. （贵方建立业务关系的愿望与我们不谋而合。）

第三步：表示采取进一步行动的意思

例：

We are sending you our catalogue and price list. （我们将给贵方寄去我们的产品目录及价目单。）

第二节 进口交易前准备工作

一、调查研究

(一) 商品价格趋势

一般可通过我国驻外机构和通过向外商询价,以了解相关工业品的国际市场价格,如可通过农产品主要种植国播种面积、气候变化和国际市场农产品期货市场价格了解国际市场农产品价格变化趋势。

(二) 供应商资信

在业务中,进口商可能会遭遇到出口商提供假单据的情况,从而使进口商蒙受巨大损失。故需对出口商资本情况、经营作风、能力和范围、商业信誉等进行系统性调研。针对供应商资信调研,要针对不同对象因人而异,必要时可通过银行、我国驻外机构、商会、行业协会及咨询机构等进行调研。

客户资信调查的内容主要包括以下几点:

(1) 调查项目。业务中习惯将信用调查的项目概括为"3C",即商业道德(Character)、经营能力(Capacity)及资金实力(Capital)。

(2) 调查内容。主要包括企业概要(包括企业背景、性质、历史、隶属关系、经营范围、银行往来等)与银行开户日期、账户往来情况、通常存款余额、最高信用额度、抵押贷款记录、拒付记录等。

(3) 调查途径。①国内往来银行;②中国国际商会或进出口同业公会;③国外专业资信调查机构;④政府驻外国使领馆及其商务官员;⑤与其有贸易往来、合资、合作的客户。

二、制订商品进口经营方案

在我国,对大宗商品应拟订一个书面经营方案,作为采购业务工作的依据。方案内容主要包括品名、数量、采购市场与时间、交易对象、交易方式、价格和佣金比率

的掌握等。实践中对于进口经营方案的制订应注意以下几点:

(1) 数量掌握:根据国内需求的具体情况,适当安排订货数量和掌握进度,在保证满足国内需求的前提下,选择有利的时机成交,避免盲目订购。

(2) 市场安排:根据我国的国别(地区)政策和国外市场条件,合理安排进口国别(地区)力求使采购市场布局合理,既应选择有利市场,又应避免过分集中。

(3) 客户选择:要选择资信好、经营能力强的客户作为贸易对象。为减少中间环节和力求节约外汇,尽量争取向厂家直接采购。

(4) 价格掌握:根据国际市场的近期价格,并结合采购意图,拟订出价格掌握的幅度作为洽商交易依据。

(5) 交易条件:交易条件应根据商品品种、特点、进口地区、成交对象和经营意图,在平等互利原则下,灵活掌握和确定。

(6) 贸易方式:通过何种贸易方式进口,应根据采购数量、品种、习惯做法灵活掌握。一般采用单边进口方式订购,亦可通过招标、补偿贸易、易货贸易等方式进口。

三、进口成本核算

(一) 进口成本的构成

货物进口成本 = 进口合同价格 + 进口费用

(二) 进口成本的核算

1. 进口商品盈亏率计算。

进口商品盈亏率 = [(国内销售价格 − 进口总成本)/进口总成本] ×100%

2. 确定合理的进口价格

确定准确的成交价格应先选择正确的供应商,保证采购商品的质量,继而确定采购的合理价格。

四、落实进口许可证(配额)

我国目前仍对部分商品的进口实行进口许可证管理政策,对这类商品的进口,用货部门需填写"进口许可证申报表",连同主管部门准许进口的批件,向配额许可证事务局申请进口许可证。一般而言,自营进口企业申领进口许可证的手续由该企业自行办理;在代理进口业务中,申领进口许可证手续由委托单位负责解决。只有落实了进口许可证,具体经办人员才能着手办理进口洽商订货业务。

作为 WTO 成员,原则上不得采取进口配额或进口许可证方式管理进口。但根据安全例外原则,一些成员仍在一定程度上选择了进口配额或进口许可证的方式限制部分特殊商品的进口。

本章小结

本章主要讲述了进出口交易前期准备工作的基本内容和工作要求。在国际贸易中，交易前的各项准备工作是国际贸易顺利开展的基础。该章详细列举了出口交易前期如何进行调研、落实货源、制定经营方案、选派人员、磋商、宣传和建立业务关系等一系列方法和技巧，并对进口交易前如何进行有关信息的调查，如何制定方案，如何核算成本，及落实许可证的相关操作进行了介绍。

【课后思考】

1. 进出口交易前的准备工作分别有哪些？请简要概括。
2. 以出口为例，请列举书写信函的步骤。
3. 进口商品时需要掌握哪些经营要素？

第六章　交易磋商与合同签订

【学习目标】
1. 了解交易磋商的形式与过程。
2. 掌握交易磋商的一般程序和各个环节的内容。
3. 掌握书面合同的内容。

交易磋商和合同签订是国际贸易的核心环节,进出口双方需要合同来落实各项交易条件,其不仅是约定的达成,同时也是履约的保证,更是进出口双方日后产生争端,双方解决争端的依据。

第一节 交易磋商概述

一、交易磋商的含义及其基本原则

交易磋商（Business Negotiation）又称商务谈判，是买卖双方就买卖商品的有关交易条件进行协商，以期达成交易的过程。从性质看，交易磋商行为与合同具有同样的法律性质，是整个外贸业务的关键。

从交易磋商到履行合同的整个过程来看，情况非常复杂，买卖双方之间的矛盾很多。所以，交易磋商前需做好认真细致的准备工作。在交易磋商过程中，一方面应明确双方基本的合同义务，另一方面还应充分考虑履约时可能会发生的纠纷与问题，并将预防及处理的方法提出来。在交易双方取得一致意见后，为使交易活动符合我国法律规定，同时为了方便履约，签订书面合同非常必要。

在我国外贸实践中，交易磋商的基本原则为：在平等互利的基础上，进行友好协商；在不损害我国主权，维护我国利益的前提下，实现双赢；协议或合同应符合法律、法规等规定，并应适当参照国际惯例。

二、交易磋商的形式

交易磋商形式概括而言，主要包括口头磋商及书面磋商两大类。其中前者可分为面对面磋商和电话磋商，而后者则又可细分为信函磋商、电报磋商和通过互联网进行磋商。交易方具体采取何种形式需结合交易金额、交易性质、交易双方业务关系等多个因素进行综合考虑。

（一）口头磋商

口头磋商（Oral Negotiation）可细分为面对面磋商和电话磋商两种主要形式。

1. 面对面磋商

面对面磋商是指交易一方邀请对方在本国（地区）的公司或到对方公司或其所在国家（地区），与交易方直接接触并进行面对面洽谈。实践中，对大宗商品交易、重要项目谈判、设备买卖及争议、索赔案件的处理等，面对面磋商较为普遍。面对面磋商前，应制订好谈判方案；磋商中，应做好谈判记录；磋商后，应及时将谈判记录归入客户档案或业务档案，以备查考。

2. 电话磋商

电话磋商是指用国际电话进行洽谈。使用这种方式谈判时必须注意：①考虑世界各地时差因素及各国地区作息时间，掌握好通话时间；②做好通话记录或录音，以备查考；③如交易达成，应立即去信予以确认。

(二) 书面磋商

书面磋商（Written Negotiation）可分为信函磋商、电话磋商及互联网磋商等多种形式。

1. 信函磋商

随着网络技术的发展，信函磋商的使用率已大幅度下降，但信函磋商仍在一定范围内使用。即使是当面或经电话、电报洽谈成交的，事后也往往要以信函确认，以取得书面依据。在外贸活动中，函电是具有法律效力的。

在使用信函方式磋商时需注意：①一事一信；②文字简明，含义确切，内容完整，措词严谨，语气得体；③及时处理，科学管理。一般情况下，对国外来信应在 3 个工作日内做出答复。对那些不能立即答复或表态的，也应先复函向对方说明，待了解情况后再做答复。同时，无论去函、来函均应登记编号，按具体交易先后次序立卷归档。

2. 电报磋商

电报磋商又分为两种：一种是国际电报，系经海底电缆或无线电报；另一种是用户电报，即电传，它是把电报机（电传打字机）直接安装在用户自己的办公室里。电报费较贵，故使用时也应注意文字简洁易懂。随着网络技术的进步，现在电报磋商使用较少。

3. 互联网磋商

互联网磋商即借助互联网以及 E – mail（电子邮件）形式进行。

第二节 交易磋商一般程序

一般而言，交易磋商包括四个环节：询盘、发盘、还盘和接受。其中，发盘和接受是每笔交易必经的两个基本环节。

一、询盘

询盘（Enquiry or Inquiry）又称询价，它是买方为了购买或卖方为了出售商品，而向对方提出有关交易条件的询问，或就该项交易提出带有保留条件的建议。实际业务中，当一方收到对方希望建立业务关系的信函后，如觉得存在交易的可行性，即可视为询盘。

询盘可由买方发出，也可由卖方发出。前者习惯被称为"邀请发盘"（Invitation to offer）；后者习惯被称为"邀请递盘"（Invitation to Bid）。

询盘内容可繁可简。可只询问价格，也可询问其他一项或多项贸易条件，但因价格时常是询盘的焦点，因而又被称为询价。业务中，询盘通常是了解市场行情，选择交易时机，探询对方交易诚意及寻求有利交易条件的一种手段。

询盘时一般不直接用"询盘"这一术语，而习惯使用下列句式：

请告（Please advice）；

请电告（Please cable advice）；

对……有兴趣请报价（发盘）（Interested in... please quote or offer）

询盘时需注意以下几点：

（1）询盘一般是交易的第一步，但在法律上，它对双方并无法律约束力。买方询盘后，不必履行购买义务，卖方也不必承担必须出售的责任。但在商业习惯上，双方通常均应尽快答复，并根据询盘向对方发盘。但如一笔交易从询盘开始，经过双方磋商，最后谈成交易，询盘将是全部成交文件的组成部分。发生纠纷时，询盘内容有时可能成为确定双方某项责任的依据。

（2）询盘时，也可就该项交易提出带有保留条件的建议。如在提出价格时，使用参考价（Reference Price）。有的在提出交易条件后，还注明"以我方最后确认为准"（Subject to our final confirmation）。此时，即使相关贸易条件明确、完备，仍不能算作有效的发盘，而视为询盘。

（3）作为出口商，应掌握以下询盘技巧或策略：第一，主动联系买家的频率不应过高，但需保持所有联系方式畅通。第二，充分展现自身的优势，特别是你的公司实力、产品优势、公司合作过的知名客户及发展经历。第三，如觉得可以发展对方使其成为真正的贸易伙伴，则应努力不让买家忘记。所以，在回复对方询盘后，若一段时间无回信，可发送一些简短的邮件，如发布一些新产品开发或参展信息等。第四，巧妙利用价格策略，切忌总是用降价来促成生意，如想降价，或发现自己的价格比别家稍高，可为自己的降价"找"个理由，让买家知道降价的难度。

案例 6-1　中英文本询盘样本

敬启者：

我们通过互联网获悉贵公司经营各种衣服业务。我们在本地区是一家衣服的大经销商。

我们目前正寻找一位货源供应商作为长期合作伙伴。我们想请你方寄给我们一套你方的产品目录单或样品单连同价目表，同时报给我方你们到中国大连的成本加保险费、运费最低价。如果你方具有竞争力，我方将向贵公司大量订货。

望早日收到您的答复！

格林　谨上
2018 年 5 月 16 日

Dear Sir,

We know that you are a big exporter of various costumes through internet. We are a major distributor of costumes in the region.

We are now looking for a source suppliers as our long-term partner. We would like to request you to send us a set of your product catalogue with the price list, and quote us to Dalian, China Cost, Insurance and Freight lowest price. If yours are competitive, we will be your large orders.

Hope to hear your reply soon.

Sincerely yours,

Green
May 16, 2018

案例 6-2　回复询盘的信函样本

敬启者：

非常感谢贵方 5 月 16 日发来的询盘！

现随信寄上我方关于服装的产品目录一套以及我们到中国大连的成本加保险费、运费价目单一份。

如给我方发盘，我方将不胜感激！

期待您的回复。

王玉成　谨上

2018 年 5 月 20 日

Dear Sir,

Many thanks for your inquiry on May 16.

We are enclosing our catalogue and the price list on the basis of Cost, Insurance and Freight Dalian, China for costumes.

Your offer is appreciated.

We are looking forward to your reply.

Sincerely yours,

Yucheng Wang

May. 20, 2018

二、发盘

（一）定义

发盘（Offer）又称发价或报盘，法律上称为"要约"。

《联合国国际货物销售合同公约》（以下简称《公约》）第 14 条规定，"（1）向一个或一个以上特定的人提出的订立合同的建议，如果十分确定并且表明发盘人在得到接受时承受约束的意旨，即构成发盘。一个建议如果写明货物并且明示或暗示地规定数量和价格或规定如何确定数量和价格，即为十分确定。（2）非向一个或一个以上特定的人提出的建议，仅应视为邀请做出发盘，除非提出建议的人明确地表示相反的意向。"

业务中将建议提出方称为发盘人（Offeror），接受方称为受盘人（Offeree）。习惯上，发盘通常是一方在收到对方询盘后提出，但也可不经对方询盘而直接提出。在发盘有效期内，发盘人不得任意撤销或修改其内容。发盘一经对方在有效期内表示无条件接受，发盘人将受其约束，并承担按发盘条件与对方订立合同的法律责任。

发盘一般采用下列术语或语句：发盘（Offer）；发实盘（Firm Offer）；报价

(Quote)；供应（Supply）；可供应（Can Supply）；订购（Book）；定货（Order）；可订（Can Book）；递盘（Bid）及递实盘（Bid Firm）等。

(二) 构成发盘的条件

根据《公约》第 14 条第（1）款规定，并结合业务实践，可以概括出一项发盘必须具备的四个条件。

1. 向一个或一个以上特定的人提出

发盘需明确受盘人，他可是一个或多个人，可是自然人或法人，但均需特定化，而不能泛指公众。如不指定受盘人的发盘，应视为发盘的邀请（或称询盘）。如出口企业向国外广泛寄价目单而未规定价目单所列价格对收到者有效，只是吸引对方提出订货，则这种价目单不构成对寄发人的约束。

2. 表示订立合同的意旨

发盘需表明订约意旨（Offer should indicate the intention of the offeror to be bound in case of acceptance），即发盘人应表明发盘得到接受时，将按发盘的条件承担与受盘人订立合同的法律责任。这种意旨有时可用有关术语或语句如"发盘""递盘"等加以表明。在实际业务中，有时也不使用上述术语或语句，而按当时磋商情况及当事人间以往的业务交往情况或双方业已形成的习惯做法来确定。

3. 主要交易条件是肯定的

发盘的主要交易条件需肯定。唯有如此，其在被接受时，方能成为法律上有效的合同。

根据《公约》第 14 条的规定"一个建议如果写明货物并且明示或暗示地规定数量和价格或规定如何确定数量和价格，即视为十分确定"，可以确定在交易磋商时，一笔交易的主要交易条件包括品名、品质、数量及价格四个方面。

发盘主要交易条件的肯定性，体现为上述四个主要交易条件需是完整的（Complete）、明确的（Clear）及无保留的（Without Reservation or Final）。所谓完整的，即发盘的内容需至少包括上述四项主要交易条件；所谓明确的，即不能使用"约""大约""或"这类模棱两可的词来规定主要贸易条件；所谓无保留的，即一旦受盘人接受发盘，则发盘人需与受盘人签约而不得在发盘时增加"以我方最后确认为准（Subject to our final confirmation）"或"以取得出口许可证为前提（Subject to Export License）"。

4. 传达到受盘人

《公约》第 15 条第（1）款规定，"发盘于送达被发盘人时生效（An offer becomes effective when it reaches the offeree）。"如双方通过电话发盘时，若中途电话发生故障，无法清晰地向对方传达信息，则需等电话修复好，受盘人听清全部发盘内容后，该发盘方能有效；使用信件发盘时，如信件在邮寄过程中遗失，以致受盘人未收到，该发盘同样无效。

(三) 发盘有效期

虽然《公约》未规定发盘必须标明有效期，由于其意义十分重要，实践中通常会规定发盘有效期。其具有两层含义：对发盘人而言，在规定的有效期内不得修改发盘或宣告发盘无效；对收盘人而言，则需在规定的有效期内表示接受。

发盘有效期的规定，通常有以下几种方法：

(1) 规定最迟接受期限。如"限不迟于6月10日复到有效"。(Offer – subject to reply here not later than June 10.)

(2) 规定一段接受时间。如"本发盘有效期10天"。(It is valid for 10 days.)

对于上述规定方法，起讫日期如何计算的问题，《公约》第20条规定：

"(1) 发盘人在电报或信件内规定的接受期限，从电报交发时刻或信上载明的发信日期起算，如信上未载明发信日期，则从信封上所载日期起算。发盘人以电话、电传或其他快速通信方法规定的接受期限，从发盘送达被发盘人时起算。(2) 在计算接受期限时，接受期限内的正式假日或非营业日应计算在内。但是，如果接受通知在接受期限的最后1天未能送到发盘人地址，因为那天在发盘人营业地是正式假日或非营业日，则接受期限应顺延至下一个营业日。"

(3) 不明确规定或仅笼统规定。在实际业务中，常见的有以下几种：

例1：发盘……复（OFFER... REPLY）。

例2：发盘……电复（OFFER... CABLE REPLY）

例3：发盘……即复（OFFER... REPLY PROMPTLY）

例4：发盘……速复（OFFER... REPLY IMMEDIATELY）

例5：发盘……急复（OFFER... REPLY URGENTLY）

例6：发盘……尽快复（OFFER... REPLY AS SOON AS POSSIBLE）

上述例1对有效期和答复传达的方法均未做明确规定，受盘人对这种发盘可在合理时间内答复，其传达方法可用函来函复、电来电复，当然也可函来电复、电报来电传复。

例2也未明确，但需用电报，用电传也可。

而采用上述例3至例6规定的方法时，按国际惯例，受盘人应于收到发盘后在合理时间内用相应快速的传递方法立即做出答复，否则将被认为逾期接受。

所谓发盘有效期的"合理时间"究竟多长及如何才算"迅速""立即""紧急""快"等，各国法律并无明确规定或解释。

《公约》第 18 条第（2）款对于受盘人接受时间做出的规定为"如果表示同意的通知在发盘人所规定的时间内，如未规定时间，在一段合理的时间内，未曾送达发盘人，接受就视为无效，但需适当地考虑到交易的情况，包括发盘人所使用的通信方法的迅速程度。对口头发盘必须立即接受，但情况有别者不在此限"。

由此可见，即使发盘未规定有效期，也并非意味着受盘人在任何时候均可接受，而应在合理时间内接受。至于合理时间，可综合考虑发盘传达的方式及货物性质等因素。同时需注意，对于口头发盘需立即接受。

（四）发盘的终止

发盘的终止即发盘的失效。发盘在一定情况下失效，最常见的有以下几种：

（1）过了发盘规定有效期。如未规定有效期，则过了合理的时间；口头发盘则是指未立即接受。

（2）被受盘人拒绝或还盘。发盘一经受盘人拒绝或还盘，即使原定有效期尚未届满，发盘立即失效。

（3）被接受前发盘人对所发盘进行有效撤回（Withdrawal）或撤销（Revocation）。

对于发盘发出后，受盘人接受前，如因市场行情激烈变化，或发现发盘内容错误等特殊情况，发盘人是否可以撤销发盘，各国法律解释不尽相同，概括起来有三种。

第一种：英美法系国家法律认为，发盘在被接受前任何时候均可撤销。英国法律认为，唯有经受盘人付出某种代价的发盘或由发盘人签字蜡封的发盘例外。美国《统一商法典》（1962 年修订本）则规定，如发盘人是一个商人，发盘规定的有效期不超过 3 个月，且是由书面做成并经发盘人签字的在有效期内不得撤销。

第二种：大陆法系国家法律认为，在发盘有效期内发盘人不得撤销发盘。《法国民法典》明文规定：有具体有效期的发盘，在发盘有效期内不得撤销；未规定具体有效期的发盘，按通常情况在可望得到答复以前不得撤销。

第三种：《公约》对上述两种法律体系的不同解释进行了协调并做出折中规定，且首次对发盘的撤回（一项发盘生效之前能否撤回）和撤销（一项发盘在生效以后的有效期内能否撤销）分别进行处理。

《公约》第 15 条规定，"（1）发盘于送达被发盘人时生效。（2）一项发盘，即使是不可撤销的，得予撤回，如果撤回通知于发盘送达被发盘人之前或同时，送达被发盘人。"

与此同时，《公约》第 16 条规定，"（1）在未订立合同之前，发盘得予撤销，如果撤销通知于被发盘人发出接受通知之前送达被发盘人。（2）但在下列情况下，发盘不得撤销：（a）发盘写明接受发盘的期限或以其他方式表示发盘是不可撤销的；（b）

被发盘人有理由信赖该项发盘是不可撤销的，而且被发盘人已本着对该项发盘的信赖行事。"

（五）发盘类型

业务活动中，发盘类型复杂多样，主要可分为以下类型：

1. 根据发盘人分类

（1）买方发盘（Buying Offer）。即由买方向卖方做出的发盘，也称递盘（Bid）。

（2）卖方发盘（Selling Offer）。即由卖方向买方做出的发盘。

交易中诱使对方向自己发盘可使自己处于有利地位，如条件合适可立即接受，使对方受到约束；而若条件不合适则可继续洽商。在目前买方市场条件下，一般由卖方发盘。

2. 根据发盘对发盘人有无约束力分类

（1）实盘（Firm Offer）。又称"有约束力的发盘"（Offer with Engagement），它与虚盘（Free Offer）是我国外贸实践中对发盘的一种分类。但迄今为止并无统一明确的解释。一般而言，实盘与《公约》对发盘的规定相接近。一般认为，包括品质、数量、包装、价格、交货和支付六项主要交易条件并在有效期内不得撤销的发盘即是实盘。

（2）虚盘（Free Offer）。又称"无约束力的发盘"（Offer without Engagement），实质上它是一种发盘邀请，即询盘。实际业务中常见的虚盘主要有以下几种情形：交易条件不明确，如在发盘中用"约""仅供参考"等模棱两可的词语；主要交易条件不完整或附有保留条件。

此外，实践中还时常会遇到以下类型的发盘：

（1）联合发盘（Combined Offer）。又称"综合发盘"或"一揽子发盘"。发盘人向一个受盘人同时发出两种或两种以上品种或规格的商品，或不同的数量、价格、交货期，并声明受盘人需同时全部接受方为有效的发盘。

受盘人对此类发盘要么全部接受，要么全部拒绝，不能接受其一，拒绝其二，否则视为还盘。

（2）复合发盘（Compound Offer）。发盘人对受盘人同时发出具有两个或两个以上内容各自独立的发盘。与联合发盘不同的是，发盘人可以接受其一而拒绝其他。业务中常在一个独立的发盘后加上再发盘（Offer Further）字样。

（3）独家发盘（Exclusive Offer）。卖方在一定地区一定时期就一种或数种出口商品只向一家客户发盘。通常独家发盘不签订正式协议，而只是在来往函电或口头谈判中确认买卖双方的权利与义务关系。卖方在一定时期内（6个月或1年）书面指定向所在区域内的买方发盘供货，买方则在规定地区和规定期限内完成已承诺的营销指标和卖方提出的其他要求，买方在双方商定的时期内享有专营的权利。独家发盘与独家经销性质接近，通常是卖方选择独家经销或代理的一种试用方式，是有意识地了解客户和培养客户成为独家经销或代理的实践。

（4）重复发盘（Repeat Offer）。发盘人按上次所达成的交易条件再发盘给同一受盘人洽谈第二笔交易，称为重复发盘。如重复发盘的内容有变化，则仅需说明与上次交易不同的条件，如数量、价格、交货期等，并说明其他条件与前次交易相同。

（5）重新发盘（Renew Offer）。又称更始发盘。发盘人对一个已过了有效期的发盘，按原发盘的内容和条件重新发一个盘，其本质是原发盘有效期的延长。

三、还盘

还盘（Counter Offer）是指受盘人不同意或不完全同意对方的发盘而提出修改或变更的表示。

还盘既是受盘人对发盘的拒绝，也是受盘人以发盘人的地位所提出的一个新发盘。一项发盘，一经还盘，即宣告无效，除非得到原发盘人的同意，受盘人不得在还盘后反悔，再接受原发盘。

还盘不仅可就商品价格高低提出不同建议，也可就交易的其他条件提出意见，但习惯上价格是还盘的焦点，故还盘也称为还价。一方发盘，受盘人若对其内容不同意，可进行还盘。

相应地，原发盘人如对还盘内容不同意，也可再进行还盘。

一笔交易时常需要经过一次或往返多次的还盘才能达成。

进行还盘或再还盘时，可用"还盘"术语，但一般仅以不同条件的内容通知对方就意味着还盘，而对双方已同意的其他条件，无须在还盘中一一列出。

例1：9月12日复电，你10日报价太高，还盘4.50英镑，限14日复到有效。

例2：你10日电如10月装可接受，限20日复到有效。

发盘人接到对方还盘，通常有四种方法处理：

（1）坚持原发盘，但可延长发盘有效期，让对方再考虑。

（2）再还盘，作为一个新的发盘。

（3）接受。

（4）停止继续磋商。

在我国以往的进出口业务中，对客户所做的还盘与再还盘，应做认真研究，首先判断其性质，是实盘还是虚盘并分析其变更或添加的内容，然后再结合市场动态、客户经营作风、其他客户还盘及自身经营意图分情况予以处理，可选择接受或还盘。

四、接受

接受（Accept）在法律上称为"承诺"，业务中称为接受。《公约》第18条第

（1）款规定"被发盘人声明或做出其他行为表示同意一项发盘，即是接受"。

（一）构成接受的条件

接受在法律上属于一项承诺。一方要约（发盘）只有经过另一方有效的承诺（接受），合同方能成立。因而，发盘和接受是合同成立不可缺少的两个环节。

作为一项有效的接受，综合各国法规的规定及贸易实践，需具备以下四个条件：

1. 接受需由特定的受盘人做出

一项发盘需明确指明特定的受盘人，故只有发盘指定的受盘人表示接受才有效。任何第三者针对该发盘做出的接受对发盘人均无约束力。

2. 接受必须是无条件的

所谓"无条件接受"，即受盘人应无条件接受发盘的全部内容，不得有任何实质性的修改或增添，反之，则接受无效。

因而，如先对发盘表示接受但附有添加、限制或其他更改的答复，即为拒绝该项发盘并构成还盘。

但应注意对发盘条件的添加或变更有实质性与非实质性之分。《公约》第19条第（3）款规定，"有关货物价格、付款、货物质量或数量、交货地点和时间、一方当事人对另一方当事人的赔偿责任范围或解决争端等的添加或不同条件，均视为在实质上变更发盘的条件。"如果添加或变更的条件属于非实质性的添加或变更，则不影响接受的法律效力，除非发盘人不同意这些添加或变更并及时提出异议，否则，合同将按添加或变更后的发盘条件成立。

3. 接受需表达出来

接受需由受盘人以一定方式表达出来。《公约》第18条第（1）款规定，"缄默或不行动本身不等于接受"。表示接受的方式大多采用口头或书面声明的方式，但也可根据发盘要求或双方当事人间业已形成的习惯所做出的行动，如卖方用交运货物，买方用支付货款或派出运输工具等行动表示。

表示接受，一般用接受（Accept）、同意（Agree）或确认（Confirm）等术语。此外，在表示接受时，可简单地向发盘人表示接受，而不重复列出双方已达成一致的有关贸易条件，这也是业务中习惯的做法，如你10日电我方接受（Your 10th cable we accept）。但有时因交易金额较大，或双方往来函电较多，为避免差错或误解，受盘人在表示接受时，也可将已达成的交易条件重述一遍。

例："你10日电烟台苹果特级纸箱装10公吨，每公吨500美元CIF波士顿（INCOTERMS 2010），11月装船，我方表示接受。"

4. 接受需在发盘有效期内送达发盘人

按各国法律要求，接受需在发盘的有效期内传达到发盘人方能生效。在当面口头谈判，或用电话磋商交易时，由于一方做出的接受可立即被传达到对方，故在发盘有效期内做出的接受能在发盘有效期内传达到发盘人，不成问题。但在用信函、电报方式进行磋商及用行动来表示接受时，接受的表示却不能立即传达到发盘人，对此，接受应于何日生效，各国法律解释不同。英美法系国家认为：如以信件或电报传达时，则例外地承认当信件投邮或电报交发，接受即告生效。生效时间以邮戳或电报所盖收电印章上的时间为准。按此例外的规定，即使接受的函电在邮递途中延误或遗失，发盘人未能在有效期内收到，甚至根本未收到，也不影响合同成立。但如发盘人在发盘中规定需于有效期内传到发盘人，则按发盘规定。

大陆法系国家则认为：表示接受的函电需在发盘有效期内送达发盘人，接受才生效。如表示接受的函电在邮递途中延误或遗失，合同不能成立。

《公约》第18条第（2）款规定，"接受发盘于表示同意的通知送达发盘人时生效。如发盘未规定有效期，表示同意的通知在合理时间内未送达发盘人，接受即为无效。"

一方发盘经另一方接受，交易即告达成，合同即告成立，双方就应分别履行其所承担的合同义务。

（二）逾期接受

如接受通知超过发盘规定的有效期限，或发盘未具体规定有效期限而超过合理时间才传达到发盘人，则称为逾期接受（Late Acceptance），或称迟到的接受。业务中习惯视其为一项新的发盘，需经原发盘人及时地表示同意。但有一种情况应注意，一项逾期接受从其使用的信件或其他书面文件表明，在传递正常的情况下，本能及时送达发盘人，由于出现传递不正常的情况而造成了延误，这种逾期接受仍可被认为是有效的。除非发盘人不迟延地用口头或书面通知受盘人，他认为他的发盘已经失效。对此，《公约》第21条第（2）款规定，"如果载有逾期接受的信件或其他书面文件表明，它是在传递正常、能及时送达发盘人的情况下寄发的，则该项逾期接受具有接受的效力，除非发盘人毫不迟延地用口头或书面通知被发盘人：他认为他的发盘已经失效。"

（三）接受的撤回

根据合同法的一般规则，接受于表示同意的通知送达发盘人时生效。但《公约》第22条规定，"接受得予撤回，如果撤回通知于接受原应生效之前或同时，送达发盘人。"

但按照英美法系关于用信件、电报表示接受的例外规则，信件一经投邮，电报一经交发，接受即已生效，即使撤回的通知先于接受通知到达，撤回仍然无效。除非发盘人在发盘中规定接受于接受通知到达发盘人时生效。

接受通知一经到达发盘人即不能撤销。因为，接受一经生效，合同即告成立，如要撤销接受，在实质上已属毁约行为。

案例6-3 对已被还盘的发盘接受有效吗？

【案情】

我国某公司于某年7月16日收到法国某公司发盘："马口铁500公吨，单价545美元CFR中国口岸，8月装运，即期信用证支付，限7月20日复到有效。"我方于17日复电："若单价500美元CFR中国口岸可接受，履约中如有争议，在中国仲裁。"当日我国公司收到法国公司复电："市场坚挺，价不能减，仲裁条件可接受，速复。"此时马口铁价格确实趋涨。我方于19日复电："接受你方16日发盘，信用证已由中国银行开出。"结果对方退回信用证。

问：合同是否成立？

【分析】

（1）本案发生在中、法两国之间，而双方目前均为《公约》签字国，故可适用《公约》解决此案。

（2）根据《公约》规定，一笔交易经过发盘和接受两个环节，合同即告成立。但《公约》第19条第（1）款规定，"对发盘表示接受但载有添加、限制或其他更改的答复，即为拒绝该项发盘，并构成还盘。"该条第（3）款进一步明确"有关货物价格……的添加或不同条件，均视为在实质上变更发盘的条件"，构成还盘。

（3）本案中，虽然我方已经开出信用证，实施了可以作为"接受"的行为，但因我方接受的是法方公司16日的发盘，而根据17日双方来往的函电，可见16日的发盘已经失效。因此，对于一项已经失效的发盘表示接受，在法律上属于无效的接受，故本案合同并未成立。对方退回信用证的做法是合理的。

案例6-4 合同成立否？

【案情】

1990年，阿根廷A公司应中国B公司的请求，报出镁矿石初级产品200公吨，每公吨2150美元，即期装运的实盘。但中方B公司接到阿方A公司发盘后，未进行还盘，但一再请求A公司增加数量，降低价格，并延长有效期，A公司将数量提高到350公吨，每公吨价格为CIF上海价2100美元，有效期则先后经过三次延长，最后延长至9月25日，中方B公司于9月20日来电表示接受该盘。

阿方接到该电报时，得知国际市场镁矿石价格上扬，因此决定拒绝成交，于是向中方发电，称："由于国际市场镁矿石价格发生变化，货物已于接到你方电报时售出。"

而中方对此拒绝接受,认为中方是在发盘有效期内接受了阿方发盘,坚持要求按发盘的条件执行合同,阿方如不执行合同,则要赔偿中方的损失,即差价25万美元。

问:本案中合同是否成立?

【分析】

根据《公约》规定,一方发盘被对方在有效期内接受后交易即达成。

本案中,阿方A公司在发盘后,经3次延长有效期后,将有效期延长至9月25日,合同中的主要交易条件完整、明确,且中方B公司在9月20日即发电表示接受,发盘方也于9月20日接到受盘方的电函,故在9月20日,此货物销售合同已经成立。

此时,双方未签订书面合同,但根据《公约》合同成立不拘形式的规定,阿方A公司与中方B公司间也已形成了合同约定的权利义务关系,一方违反合同规定的条款,即构成违约,应当承担违约责任。

因此,本案中的销售合同在9月20日已成立。

以上分析了交易磋商的一般程序。但需注意,实践中,询盘并非每笔交易磋商不可缺少的环节,买方或卖方可不经对方提出询盘,而直接向对方做出发盘。还盘也非交易磋商的必经环节,如受盘人接到发盘后,立即接受,也不需要还盘。即使受盘人做出还盘,实际上是对原发盘的拒绝而做出的一项新发盘,对还盘的还盘也是如此。故在法律上,发盘和接受是交易磋商不可缺少的两个环节。

第三节 书面合同的签订

在交易磋商过程中，一方发盘或还盘，经另一方接受后，交易即告成立，买卖双方即构成合同关系。在国际货物买卖中，鉴于进出口双方当事人的营业地位于不同国家地区，故他们之间签订的合同被称为国际货物买卖合同（Contract for The International Sale of Goods），又称国际货物销售合同。与一般的国内货物买卖合同相比，它具有如下特点：第一，合同当事人的营业地位于不同的国家或地区；第二，合同的标的是货物，是有形动产，不包括不动产及提供劳务的交易；第三，合同适用的法律规范广泛。在签订和履行国际货物买卖合同时，当事人双方中的任何一方不仅要考虑使合同符合本国的法律，还需考虑对方国家的法律，同时也要考虑到国际条约、公约及国际贸易惯例。根据《公约》及一些国家法律的规定，合同的成立无需书面形式，双方在磋商过程中的往来函电可成为合同成立的书面证明。但根据国际贸易习惯，买卖双方还要签订书面合同或确认书，以规定双方的权利义务，双方均受其约束。

一、签订书面合同的意义

按照一般的法律规则，合同的成立取决于一方的发盘和另一方对发盘的接受。签订书面合同不是合同有效成立的必备条件。

《公约》第11条规定，"销售合同无需以书面订立或书面证明，在形式方面也不受任何其他条件的限制。销售合同可以用包括人证在内的任何方法证明。"

但在国际贸易实践中，在当事人双方经过磋商一致，达成交易以后，一般均需另行签订书面合同。因为签订书面合同具有重要意义。

（一）书面合同可作为合同成立的依据

根据法律要求，凡是合同必须能得到证明，提供证据，包括人证和物证。在用信件、电报或电传磋商时，书面证明自不成问题。但通过口头磋商达成的合同，举证就较难，故口头磋商达成的合同，如不用一定的书面形式加以确定，将因其缺乏被证明而无法得到法律的保障，甚至使之在法律上失效。

（二）书面合同有时是合同生效的条件

书面合同虽不拘泥于某种特定的名称和格式，但如在买卖双方交易磋商过程中，一方曾声明以签订书面合同为准，此时尽管双方已对交易条件全部协商一致，在书面合同签订前，合同仍未生效。此时，书面合同的签订则成为合同生效条件。《中华人民共和国合同法》第10条规定，"当事人订立合同，有书面形式、口头形式和其他形式。法律、行政法规规定采用书面形式的，应当采用书面形式。当事人约定采用书面形式的，应当采用书面形式。"

（三）书面合同可作为履行合同的依据

进出口合同的履行涉及企业内、外众多机构（部门），过程也非常复杂。口头合同如不转成书面，几乎无法履行。即使通过信件、电报或电传达成的交易，如不将分散在多份函电中双方协商一致的条件集中归纳到一份书面合同中去，合同履行也将变得非常困难。所以，不论是通过口头还是书面形式达成的交易，均需将协商一致的交易条件综合起来，全面、清楚地列明在一份有一定格式的书面合同中，这对进一步明确双方的权利和义务以及为合同履行提供更好的依据具有重要意义。

综上所述，可以认为签订书面合同是交易磋商的最后环节，合同的订立标志着买卖双方磋商阶段的结束和履行合同阶段的开始。

二、书面合同的形式与种类

（一）合同形式

综上分析，国际货物买卖合同的形式是不受限制的。从法律上分析，它有口头形式和书面形式两种。

1. 口头形式

口头形式的合同是指买卖双方当事人在自愿和互相信任的基础上就某项货物的买卖而达成的口头协议（当面或通过电话均可）。根据《公约》的规定，口头合同与书面形式的合同具有同等的法律效力。现行《中华人民共和国合同法》规定，口头合同也被接受。但如采用口头合同，在履约过程中发生争议，举证非常困难，故在交易金额不大、履约周期短、近距离或双方彼此熟悉且互相信任对方时，方可采用。

2. 书面形式

它是指双方当事人就有关交易条件达成一致意见后，用文字记载下来并签字生效。世界上不少国家或地区在其法律中均明确规定在一定的情况下需采用书面形式的合同。如美国法律规定，超过500美元的动产买卖或协议达成后1年内不能履行完毕的合同，均需做成书面合同。《中华人民共和国合同法》第11条指出,"书面形式是指合同书、信件和数据电文(包括电报、电传、传真、电子数据交换和电子邮件)等可以有形地表现所载内容的形式。"

国际贸易中,书面合同的名称无特定限制。我国外贸实践中,合同(Contract)及确认书(Confirmation)两种名称使用最为广泛。此外,协议书(Agreement)和备忘录(Memorandum)有时也被采用。有时国外客户还要求我方签署他们拟制的订单(Order)或定单(Indent),如果其中交易条件与事前磋商的结果相同,也可将其视为合同或确认书,否则只能视作发盘或询盘。另外,有时也以双方来往的电报或电传作为合同。这里简要分析一下合同与确认书的区别。

(1) 合同。大宗商品或金额较大的交易,多用此形式。

正式合同通常为一式两份,双方签字后各自保留一份。该类形式的合同内容较全面详细,除包括交易主要条件如品名、规格、数量、价格、交货、支付外,还包括保险、商检索赔、仲裁、不可抗力等交易一般条件。习惯将卖方草拟的合同称为"售货合同"(Sales Contract,S/C);而将由买方草拟的合同称为"购货合同"(Purchase Contract)。两者使用的文字均为第三人称的语气。

(2) 确认书。主要用于成交金额不大的交易。

它是合同的简化形式,故也可称简式合同。卖方出具的确认书称为"售货确认书"(Sales Confirmation,S/C);买方出具的确认书称为"购货确认书"(Purchase Confirmation)。

在我国外贸实践中,一般均由我方根据双方同意的条件制成一式两份的合同或确认书后,先在上面签字,然后寄给对方。对方经审核无误并签字后,保留一份,将另一份寄还给我方。如对方未按要求将其中一份签字退回,除口头磋商达成的交易及磋商时其中一方声言以"签订书面合同为准"外,并不影响双方已达成协议的效力。如对方在签回的合同或确认书上更改或附加条款,与原达成的协议内容有抵触而我方又不能接受时,应及时拒绝。否则,将以经过双方签字的、由对方更改过的书面合同或确认书为准。

当面或经电话口头磋商达成的交易,在取得口头协议后,都应经双方合法代表正式签署书面合同。

(二) 合同的种类

国际货物买卖合同种类繁多,业务中一般可从以下几个角度去分析:

1. 按格式分

从此角度出发,可将书面合同分为一般格式合同与标准格式合同两种。

一般格式合同是属于买卖双方就合同应有的条款与内容在相互磋商取得一致意见后，由其中一方拟订，这属于习惯做法。而标准格式合同则是合同的条款和内容大部分已事先订好，并已印就，在一笔具体业务中当买卖双方就商品价格、交货量及交货期等相互协商一致后，将有关内容填在印就格式的相应栏目中，并由双方签字。标准格式合同的采用对简化交易磋商程序、加速交易进程起着很大的作用。我国不少外贸公司均印有这种标准格式的合同。但必须注意有些标准格式的合同对个别内容的规定采取了选择性规定的方法，使用时应注意。

2. 按交货地点分

根据交易过程中交货地点的不同，可将国际货物买卖合同分为内陆交货合同、装运港交货合同及目的地交货合同三大类。

3. 按采用的贸易术语分

贸易术语又被称为价格术语（Price Term），它是用来表示进出口贸易过程中买卖双方责任、费用及风险划分界限的一系列英文缩写或简称，英文中通常用 3 个字母加以表示。一般而言，合同的性质决定于合同中采用的价格术语。从合同采用的价格术语这一角度可以把合同分为诸如 FOB 合同、CFR 合同及 CIF 合同等。

4. 按履约时间分

根据履约时间的长短，可将合同分为短期合同和长期合同两类。一般而言，执行时间在 6 个月或 1 年以上的均可称为长期合同。由于长期合同的执行时间长，其间的风险要大于短期合同的风险，故在签订及履行此类合同时应十分慎重。

5. 按贸易方式分

贸易方式种类很多，根据国际间货物买卖的具体方式不同，可分为逐笔售定（即单纯的进出口）合同、包销合同、代理合同及寄售合同等。

三、书面合同的内容

国际货物买卖合同一般由三个部分组成，即约首、本文及约尾。

（一）约首

约首又称合同首部，其内容包括以下几部分：

1. 合同名称

业务中常结合交易性质及合同形式来确定合同名称，如购货合同、销售合同或购货确认书、售货确认书等。

2. 合同编号

各外贸公司可根据自己的业务活动自行编号。

3. 缔约日期

通过面对面磋商成交的，该日期为实际签约日期；而通过函电磋商成交的，订约时间应为最后确认成交日。

4. 缔约地点

一般而言，面对面磋商时，谈判所在地即为缔约地点，而通过函电洽商达成交易的则为合同制作者所在地。合同的缔约地点直接关系到合同的法律管辖问题。按某些国家地区法律规定或贸易习惯的规定，当合同未对合同适用法律做出明确规定时，应适用缔约地法律。

5. 缔约当事人的名称和地址

应列明缔约当事人的全名及详细地址（含门牌号、所在区及所在城市名、国名、邮政编码、E-mail 地址及网址）。当外方仅有外文名称而无正式中文名称时，宜在合同中（包括中、外文本）只采用其外文名称。

6. 法律关系

在缔约当事人的名址后，通常注明当事人双方所构成的法律关系，如买方与卖方、甲方与乙方。使用后者时，为明晰甲方与乙方的地位，习惯在约首与后续的本文部分增加一个过渡段，如："兹经甲方乙方同意，由乙方购进、甲方出售下列货物，并按下列条款签订本合同。"当缔约一方在一个以上时，应对各方的法律关系予以明确。

（二）本文

本文是合同的主体，它具体规定了买卖双方的权利和义务，故也可称其为合同的权利与义务部分，它分为主要条款和一般条款两部分。

1. 主要条款

主要条款通常包括品名、品质、数量、包装、价格、运输、支付及保险等条款。

（1）品名条款。即商品名称，如电视机、冰箱等。但业务中有时与下述的品质条款合二为一，合同中称为"商品描述（Description of Commodity）"。

（2）品质条款。这是对商品的质量、等级、规格、牌号及产地等的具体规定，是买卖双方交接货物时的品质依据，同时也是商检部门进行检验、仲裁机构或法院解决品质纠纷时的依据。

（3）数量条款。这是买卖双方交接货物及处理数量争议时的依据。其内容一般由交易数量及计量单位两部分组成。但需注意：第一，按重量计量的商品还应明确计算重量的方法；第二，对于非采用包、箱等计量单位及件、台、打等个数单位计量的商品，往往还需加上"约"或直接规定允许多装或少装若干数量。

（4）包装条款。对于成交包装货时，该条款是合同的必要组成部分。其具体内容包括包装材料、包装方式、包装规格、包装费用及包括标志等。

（5）价格条款。价格条款通常由贸易术语、计价货币、计量单位和计价数量四个部分组成。当有中间商参与交易时，还会加上佣金条款。

（6）运输条款。这一条款由运输方式、装运时间、装运港（站）、目的港（站）、运输单据及装运通知等项目构成。

（7）保险条款。保险条款的规定方法与合同所采用的价格术语密切相关，通常包括由谁办理保险手续及支付保险费用、投保险别及保险金额等项内容，有时还包括办理保险所依据的保险条款等。

（8）支付条款。支付条款规定货款及其从属费用的支付工具、支付方式、支付时间与地点等项内容。与价格条款一样，支付条款时常成为买卖双方交易磋商的焦点。

2. 一般条款

一般条款包括商检条款、索赔条款、仲裁条款及不可抗力条款四个部分。相对于上述主要条款，买卖双方在这几个方面往往易取得一致意见，且形成了一些相对固定的做法，并时常会通过签订一般交易条件，作为日后交易的参考，故又被称为一般条款。

（1）商检条款。商检条款要明确检验的地点、时间、检验机构、检验依据、检验方法及检验证书的效力等。订立商检条款时应与合同中的品质、数量、价格、索赔及仲裁条款保持一致。

（2）索赔条款。国际货物买卖合同的执行过程中，时常会产生各种争议。买方抑或卖方一旦违反合同规定的义务，在法律上均构成违约，均应向遭受损害的一方承担赔偿责任。而能否处理好双方争议，妥善解决好索赔问题，直接关系到贸易合同能否被正确执行及贸易业务能否健康发展。索赔条款的主要内容包括索赔期限、索赔依据及赔偿损失办法等。

（3）仲裁条款。仲裁是在贸易双方发生争议而通过协商调解又不能解决时最常用的一种解决争议的方法。其内容一般包括仲裁范围、仲裁地点、仲裁机构、仲裁程序、仲裁裁决的效力及仲裁费用负担等。

（4）不可抗力条款。不可抗力条款是国际货物买卖合同中通常采用的一项例外条款。其内容通常由不可抗力事故的范围、不可抗力事故的后果、发生事故后通知对方的方式、期限及出具事故证明的机构等部分组成。其作用在于说明进出口双方中的一方或双方在何种情况下可以免除履行合同的责任或延迟履行合同的责任。

（三）约尾

约尾又称合同尾部。它通常包括合同使用的文字、各种文本效力、合同正本份数、生效条件（主要是生效日期）、当事人或其授权人的签章等。一般而言，贸易合同当事人的签名应该手签，以示合同的严肃性。

此外有的合同还根据需要制订有附件，作为合同不可分割的一部分，在附件有多个时应列明编号。

（四）合同的担保、变更、转让与终止

1. 合同担保

所谓合同担保，是指由缔约双方当事人协商确定，或按法律规定，以保证合同切实履行的一种法律形式。在一些重大的国际货物买卖合同及招标合同中，常订有担保条款。担保时涉及的当事人有三个，分别为保证人、被保证人及受益人。其中保证人是指受契约约束、代第三者（即被保证人或称担保申请人）履行义务的人，它与被保证人一起承担连带责任。保证人按规定履约后，有权向被保证人请求偿还。

合同担保的方式主要有以下几种形式：

（1）定金（Deposit）。它是指缔约一方当事人为了证明合同的成立及保证合同的履行，向对方支付一定数额的金钱。定金通常在签约时或签约后合同履行前给付。定金数额大小由双方议定，但不得超过合同总金额。

定金是一种法律关系。根据法律规定，给付定金的一方不履行约定债务的，无权要求返还定金。与此同时，收受定金的一方不履行约定债务时，应双倍返还定金。

（2）违约金（Penalty）。又称"罚金"或"罚则"。当缔约一方未履行合同规定义务时，按合同条款规定，应支付给缔约对方一定比例或数额的违约金，以补偿对方因此而受到的损失。违约金大都适用于卖方延迟交货或买方延期接货、付款等场合。但不同国家的法律对违约金的解释不一致，使用时应注意。

（3）履约保函（Performance Guarantee）。履约保函是指保证人承诺：若担保申请人不履行他与受益人之间订立的合同时，由保证人在约定金额内向受益人付款，或由保证人采取措施履行合同。

在国际货物买卖中，履约保函分为出口履约保函和进口履约保函。其中，前者是指保证人（通常为银行）应出口商申请开给进口商（受益人）的保函。保函中规定：如出口商未按期交货，由银行负责赔偿进口商的损失。这对进口商而言是一种有益的保障。后者是指保证人应进口商申请开给出口商的保函。如出口商按合同规定交货后，进口商未能按期付款，则由保证人负责偿还。对出口商而言，它是一种简单、及时而确定的保障。

（4）抵押（Mortgage）。抵押是指债务人或第三者（称为抵押人）以自己的一定财产作为清偿债务的担保。在合同担保中，抵押表现为合同当事人一方为担保履行合同，

向对方提供一定的财产保证，如不履约，对方（称为抵押权人）在法律规定许可范围内可变卖抵押物，在价款中优先得到清偿。如清偿金额不足，抵押权人有权要求清偿不足部分。业务中为确保抵押权人的利益，一般均要求抵押人将抵押物权投保相应的险别。

（5）留置权（Lien）。它是指合同债权人在债务人未清偿其债务前，或合同条件未完全履行时，对债务人的担保品、货物、财物等实行留置以确保债务得到清偿。在来料加工业务中，若原料提供方未按期或未如数给付加工费时，加工方有权留置他的原料、成品。业务中一般规定，一方不履约超过合理时间（通常为3~6个月）时，另一方在法律规定范围内，可变卖留置财物，并从价款中得到优先清偿。但需注意，留置期间内债权人需妥善保管留置财物，以便在债务按规定清偿后归还原主。

2. 合同的变更与解除

所谓合同变更是指合同内容的改变。通常情况下，合同一经成立即具有法律效力，任何一方均无权擅自更改。但在国际贸易中，有些合同从签约到实际履行往往相隔一段较长的时间，其间当事人一方可能因经济方面或其他方面原因而不能执行原订合同时，可变更或解除合同，但其前提条件是当事人双方应取得意见一致。对此，《公约》第29条规定，"（1）合同只需双方当事人协议，就可更改或终止。（2）规定任何更改或根据协议终止必须以书面做出的书面合同，不得以任何其他方式更改或根据协议终止。但是，一方当事人的行为，如经另一方当事人寄以信赖，就不得坚持此项规定"。我国《合同法》第77条、第78条分别规定"当事人协商一致，可以变更合同。法律、行政法规规定变更合同应当办理批准、登记等手续的，依照其规定"，"当事人对合同变更的内容约定不明确的，推定为未变更"。

3. 合同的转让

合同的转让又称合同让与，它是指合同主体发生变更，即由新的合同当事人代替旧的合同当事人，但合同客体，即合同的标的并未变化。从法律上来看，合同的转让与合同的变更在性质上是一致的，均属于合同的更新（Renovation）。除非得到对方同意，否则当事人一方是不能任意将合同权利、义务的一部分或其全部转让给第三者的。但也有一些例外的情况，如当事人一方宣告破产，可由破产管理人继续履行合同。

4. 合同的终止

合同的终止又可称为合同的消灭（Discharge of Contract）。它是指合同关系因某种原因而不再存在。根据国际贸易的实践，合同的终止主要有以下几种情况：

（1）履约完毕。合同履行完毕即意味着合同所规定的当事人各自的义务已经完成，权利也已得到实现，从而合同关系自动消灭。

（2）协商终止。当事人双方协商同意后可终止合同关系。

（3）一方或双方违约。合同当事人一方或双方共同违约，使合同被迫终止。此时违约方一般应承担赔偿损失的责任。

（4）不可抗力事故的发生导致合同关系无法存在。

（5）过了合同有效期。

（6）由于法律的实施而终止。如因政府禁止某种（类）商品的进口或出口，使履约成为根本不可能时，便不能强迫对方履约。

（五）签订合同时应遵循的原则

买卖合同具有业务性文件及法律性文件双重性质。与此同时，它还是签订运输合同和或保险合同的基础，故买卖合同不仅涉及合同当事人的利益，且往往会涉及国家间的关系和利益。因此，我国外贸企业在签订合同时必须注意以下几点：

1. 合同内容应公平合理，体现政策

合同内容必须贯彻我国对外贸易的各项方针政策，特别是平等互利原则和国别地区政策。具体而言，需注意以下三点：

（1）从实际出发，坚持体现平等互利、公平合理的原则精神，既反对把一些片面维护对方利益的条款订入合同，同时，也绝不将某些对方不愿意接受的条款强加于人，需坚持双方自愿原则。

（2）遵守交易双方所在国家（地区）有关外贸方面的政策、法令，对与我国签有贸易协定或支付协定的国家，合同条款需符合贸易协定或支付协定的精神和具体办法。

（3）在不违背国家政策和利益的基础上，灵活运用国际贸易惯例。

2. 合同条款要明确、完备，并保持一致

（1）"明确"是指权利、义务和责任要分明，合同所用文字要简练、严谨、确切，切忌语意含混、模棱两可，这是顺利执行合同和防止贸易纠纷的重要条件之一。

（2）"完备"是指对于主要的条款和规定，要做到无漏列、错列。

（3）"一致性"是指合同作为一个有机整体，各条款间应首尾呼应，前后衔接，保持一致，不要互相矛盾。否则，就可能成为毁约或争议的借口。例如，中外文本在法律上具有同等的效力，故两种文本的含义内容应一致，单价与总值要保持一致，币别使用上也应一致；在数量条款中规定溢短装时，在支付条款的有关金额中一般也应规定相应的增减幅度，以免影响结汇；价格条件与保险条款、运输条款需保持一致等。

3. 加强审核

合同签订后，要对合同号、买方地址、成交方式、单价、币别、数量、装卸港及信用证开到日期等条款一一进行审核，防止漏打、错打。

4. 重视合同的严肃性

合同一经双方签字，应严格执行，否则要承担法律责任。

合同签订后不得随意涂改或终止。若有错误或遗漏需改正或补充，一定要在修改补充之处加盖双方印章，以示郑重、负责。有的合同需终止时，应经双方同意，签具撤销合同的协议书，加盖印章方为有效。

本章小结

在外贸中,交易磋商行为与合同的签订是整个外贸业务的关键部分,是一项交易顺利开展的前提,只有进行交易磋商,进出口双方才能有效地了解彼此的要求和所要达成的条件内容。交易磋商分为四个环节,分别是询盘、发盘、还盘、接受,每笔交易必经的两个基本环节是发盘和接受,它们是交易形成的两个基本要素。

在交易磋商中,一方的发盘或者还盘经另一方接受后,交易便成立。根据《公约》及一些国家的法律规定,合同的成立无需书面形式,双方在交易磋商过程中的函电可以成为合同成立的书面证明。但根据国际贸易习惯,买卖双方还要签订书面合同或者确认书来规定双方的权利和义务,双方均受其约束。

【课后思考】
1. 在法律上,询盘是否对进出口双方有约束力?
2. 构成发盘的条件是什么?
3. 发盘终止的因素有哪些?
4. 发盘和接受是否可以撤回或者撤销?
5. 合同成立的条件是什么?

第七章 国际货物运输

【学习目标】
1. 了解各种运输方式的概念。
2. 掌握各种运输单据的作用、内容及种类。
3. 了解出口货物的托运程序。
4. 掌握合同中运输条款的具体内容。

进出口合同的履行需要经过货物的"位移"过程,而这一过程需要经过一定的运输方式来完成。但进出口货物的"位移"是一项复杂的系统工程,一旦某个环节出现问题,将影响到合同的顺利履行。由此可见,国际贸易中,货物运输问题直接关系到买卖双方的利益,运输对实现货物位移、保障交易的顺利实现意义重大。国际货物买卖合同中,装运条款通常包括运输方式、运输单据、交货的时间与地点、装运港(地)、目的港(地)、装船通知、派船通知等,有时货物可否分批装运、可否转运亦会成为买卖双方需要关注的问题。

第一节 运输方式

与国内运输相比,国际货物运输具有运输路线长、中间环节多、涉及面广、政策性强及风险相对大等特点。在分析具体运输方式前,首先必须对参与国际贸易运输的当事人有一个基本了解。概括而言,国际贸易运输的当事人可分为三类。第一,承运人(Carrier)。它是指从事客货运输业务的交通运输机构,一般拥有大量的运输工具。实践中,也可以是无船承运人。无船承运人一方面以承运人身份接受货主(托运人)的货载,另一方面以托运人身份委托班轮公司完成国际海上货物运输,根据自己为货主设计的方案路线开展全程运输,签发经过备案的无船承运人提单。无船承运人购买公共承运人的运输服务,再以转卖的形式将这些服务提供给货主及其他运输服务需求方。第二,货主(Cargo Owner)。即从事国际贸易活动的进出口企业。为履约,他们需要组织进出口商品的运输,向承运人办理托运或从其那里收取货物,并以托运人身份(Shipper)出现。第三,国际货运代理人(International Freight Forwarding Agent)。它是指接受进出口货物收、发货人委托,以委托人或自己名义,为委托人办理国际货物运输及相关业务,并收取劳务报酬的中间机构。相当于货主与承运人之间的桥梁。目前,国内著名的货运代理人有中远国际货运有限公司、中国外运长航集团有限公司、中国中钢集团公司、中国外轮代理公司及中国国际海运集装箱等。国际著名的货运代理人有美国的联合包裹服务公司(United Parcel Service,UPS)、联邦快递(FedEx Corp.)、德国敦豪国际快递有限公司(DHL)及荷兰TNT快递公司(TNT)等。

国际货物运输方式很多,按不同标准分为不同类型。但从使用的运输工具及运输通道角度出发,可将国际贸易货物运输分为海洋运输、铁路运输、公路运输、航空运输、邮包运输、管道运输、集装箱运输及国际多式联运等多种运输方式。这些运输方式各自有自身特点,实际业务中,应根据具体情况做出合适选择。

一、海洋运输

海洋运输与内河运输一起共同构成水上运输,但相比于内河运输,海洋运输(Ocean Transport）更为普遍。国际贸易总运量中的 2/3 以上，中国外贸货运总量的 90% 均选择海洋运输。相比较其他运输方式，海洋运输的优势表现为通过能力强、运量大及运费低等，但其劣势也客观存在，即速度慢、风险相对大、航行日期不易准确把握。故不宜选择海洋运输来运输那些易受气候条件影响或不能经受长途运输的鲜活商品及交货期要求严格的商品。

按船经营方式的不同，可将海洋运输分为班轮运输和租船运输。

（一）班轮运输

班轮（Liner）又称"定期船"（Regular Shipping Liner），是指轮船公司将船按事先制定的船期表（Sailing Schedule），在特定海上航线的若干个固定挂靠港口间，定期为非特定的众多货主提供货物运输服务，并按事先公布的费率或协议费率收取运费的一种船舶经营方式。使用班轮进行的运输即班轮运输。

1. 班轮运输的特点

班轮运输有如下 5 个特点：

（1）"四固定"：即航线固定、沿途停靠的港口（习称基本港）固定、船期固定、运费率相对固定。

（2）"一负责"：使用班轮运输时，船方负责货物的装与卸，因而船方收取的运费中包括装卸费用，承运人和托运人双方不计装卸时间，也不计速遣费和滞期费。

（3）承运人对货物负责的时段从货物装上船起，至货物卸下船止，即"船舷至船舷"（Rail to Rail）或"钩至钩"（Tackle to Tackle）。

（4）在基本港，无论货量多少及货主是谁，船公司均接受装运，从而对托运人而言比较灵活。

（5）船公司及托运人的义务、责任及责任豁免等均以船公司或其代理人签发的海运提单为准，并受统一的国际公约管辖。

采用班轮运输，在装运时间、装运数量及装卸港口等方面十分灵活，且由于事先公布船期、运费率，有利于贸易双方达成交易，减少磋商内容；承运人负责装卸及理舱，托运人只需把货物交给承运人即可，对货主而言省心、省力，故其深受货主欢迎，现已成为国际海洋运输中的主要运输方式。

2. 班轮运费的计算

班轮运费是班轮公司向货主收取的运费价格。它一般由基本运费（价）（含装卸费）及附加费两部分组成。基本运费是按班轮运价表（Liner's Freight Tariff）的规定计算的。不同的班轮公司或班轮公会有不同的班轮运价表。班轮运费由班轮运价表规定，包括基本运费及各种附加费，其中附加费（Surcharges）是为保持一定时期内基本费率的稳定，又能正确反映出各港的各种货物的航运成本，而规定的各种费用。

对于基本运费，其计算标准有：

（1）按毛重计收：即以重量吨（Weight Ton）为单位计收。1 重量吨为 1 公吨或 1 长吨，视船公司采用的度量衡制度而定。运价表中以"W"表示。

（2）按体积计收：以尺码吨（Measurement Ton）为单位计收。1 尺码吨以 1 立方米或 40 立方英尺为计费单位，也视船公司采用的度量衡制度而定。运价表中以"M"表示。业务中将以上两种计费标准称为运费吨（Freight Ton）。

（3）按价格计收：俗称从价运费，一般以有关货物的 FOB 总价值按一定的百分比收费。运价表中标注有"A. V."或"Ad. Val"。

（4）按高者计收：业务中，一种是按货物重量或尺码从高计收，即在重量吨或尺码吨两种计算标准中选择其高者计收。运价表中用"W/M"表示（W/M＞1，则按重量计收运费；W/M＜1，则按体积计收运费。W/M 也称积载系数）。一种是按货物重量、尺码或价值三种中选择最高的那种运费计收。运价表中用"W/M or Ad. Val"表示。有时也按货物重量或尺码选择其高者，再加上从价运费计收。运价表中用"W/M plus Ad. Val"表示（W 单位为 t，M 单位为 m^3）。

（5）按货物件数计收：如汽车按"辆"、牲畜按"头"。

（6）议价（Open Rate）：即由货主与船公司临时协定。通常适用于承运粮食、豆类、矿石、煤炭等运量较大、货值较低、装卸容易、装卸速度快的农副产品和矿产品。临时议定运价的运费率一般均较低。

实践中，基本运费的计算标准以重量吨（W）、尺码吨（M）或按重量、体积从高选择（W/M）三者居多。

附加费是对一些需特殊处理的货物，或由于客观情况的变化使运输成本大幅度增加，班轮公司为弥补损失而额外加收的费用。附加费的类型众多，主要有：

（1）燃油附加费（Bunker Surcharge or Bunker Adjustment Factor，B. A. F.）。一般在燃油价格突然上涨时加收。

（2）货币贬值附加费（Devaluation Surcharge or Currency Adjustment Factor，C. A. F.）。指在货币贬值时，船方为保证实际收入不致减少，按基本运价的一定百分比加收的附加费。

（3）转船附加费（Transhipment Surcharge）。指凡运往非基本港的货物，需转船运往目的港，船方收取的附加费，其中包括转船费和二程运费。

（4）直航附加费（Direct Additional）。指当运往非基本港的货物达到一定货量，船公司可安排直航该港而不转船时所加收的附加费。

（5）超重附加费（Heavy Lift Additional）、超长附加费（Long Length Additional）和超大附加费（Surcharge of Bulky Cargo）。指当一件货物的毛重或长度或体积达到或超过运价表规定的数值时加收的附加费。

（6）港口附加费（Port Additional or Port Surcharge）。指有些港口由于设备条件差，装卸效率低或其他原因，船公司加收的附加费。

（7）港口附加费（Port Congestion Surcharge）。指有些港口由于拥挤，船舶停泊时间增加而加收的附加费。

（8）选港附加费（Optional Surcharge）。指货方托运时尚不能确定具体卸港，要求在预先提出的两个或两个以上港口中选择一港卸货，船方加收的附加费。

（9）变更卸货港附加费（Alternational of Destination Charge）指货主要求改变货物原来规定的港口，在有关当局（如海关）准许且船方同意时所加收的附加费。

（10）绕航附加费（Deviation Surcharge）指由于正常航道受阻不能通行，船舶必须绕道才能将货物运至目的港时，船方所加收的附加费。

3. 船期表

船期表（Shipping Schedule）是船舶航行靠泊时间表，也称为班期表。业务中，它可分为以下两种：一是最为常见的 LTS（Long Term Schedule），它是某条航线或者某条船在整个月度年度中的班期计划；二是 Coastal Recovery Schedule，因为船舶航线也有不确定因素导致脱班或者晚班，这种就是用来跳港加速保证船舶赶上 LTS 使用的。

案例 7-1 班轮运费计算

【案情】

我国 A 企业拟对南非 B 公司以 CFR Cape Town（开普敦）价格出口一批商品，共 1000 箱，每箱尺码为：40cm×50cm×60cm，每箱重量为 80 千克。经查船公司的"货物分级表"，得知该批货物为 10 级，计费标准为"W/M"，又查"上海——南非航线等级费单表"，10 级货物由上海至 Cape Town 的运费为每吨 20 美元，另加燃油附加费 10%，港口拥挤附加费 5%。问：该批货物共应付运费多少？

解

（1）计算积载系数：$\dfrac{W}{M}$ >1，为重货，则按重量计收运费。

运费 = 基本运费 + 附加费

  = 80 吨 × 20 美元/吨 + 80 吨 × 20 美元/吨 ×（10% + 5%）

  = 80 吨 × 20 美元/吨 ×（1 + 10% + 5%）

  = 1840 美元。

答：本批货物共应付运费1840美元。

(二) 租船运输

租船运输（Shipping by Chartering），又称不定期船运输。与班轮运输不同的是，租船运输不预先固定港口、航线、船期和租金，而是由租船人（又称承租方）和船舶出租人通过租船合同进行。国际贸易中，成交量大、交货期集中，或对方港口无班轮停靠时一般使用租船运输。

1. 租船方式

租船运输包括定程租船、定期租船和光船租船三种不同方式。

（1）定程租船（Voyage or Trip Charter）。又称"航次租船""程租船"，是指按航次租用船舶。它又分为单航次租船、连续航次租船、往返航次租船及连续往返航次租船等多种方式。采用定程租船时，租船人按租船合同的规定提交货物并支付双方约定的运费，船舶出租人则按租船合同的规定完成货物的运输，并负责船舶的经营管理，负担船舶的一切正常开支。

定程租船的运费一般按装运货物的数量（重量或体积）来计算，也有按航次包租总金额计算的。至于货物在港口的装卸费用，究竟由船方还是租方负担，应在租船合同中明确规定。

（2）定期租船（Time Charter）。又称"期租船"，是指按固定期限租用船舶的方式。期租船的租期根据出租方和承租方双方的需要和可能而定，少则数月，多则几年。船方应提供适航的船舶并负担船员薪金、伙食等费用，还应保持船舶适航性。租船人可根据合同规定自由使用和调动船舶，负担经营过程中产生的燃料费、港口费、装卸费和垫舱物料费等。

（3）光船租船（Bareboat Charter）。又称"净船期租船"，在此方式下，船舶出租人只将船舶出租给租船人，但不提供船员，而是由租船人自行配备，并负责租期内船舶的经营管理和负担所需的各项费用。从性质上讲，光船租船属于财产租赁的范畴。由于光船租船所涉及的问题比较复杂，对双方都存在着不安全的因素，故这种方式采用得较少。租船运输方式主要包括定程租船和定期租船两种，不论是按航程或按期限租船，船、租双方都要签订租船合同，以明确双方的权利和义务。

2. 程租船合同

从定期租船及定程租船合同的特点可以看出，程租船合同与贸易合同的关系更为密切，因此了解其合同内容，对于指导贸易合同的签订意义重大。程租船合同的主要条款包括以下几点：

（1）船舶说明。这是合同的重要条款之一，其内容主要包括船名、船籍、船舶建造年月和船级、船舶吨位、订约时的船舶位置等。

（2）装卸港口。关于装卸港口，最简单的订法是订明装卸港的数量及港口名称。但比较灵活的办法是只订明装卸区域，如中国港口，中国某一港口或中国北方口岸的两个港口等，由租船人任选其中 1~2 个港口。船东通常要求指定的港口必须是安全港口（Safe Port）或安全泊位（Safe Berth）。

（3）受载日和解约日。受载日是指按合同的规定，租船人可以接受的船舶最早装货日期。解约日是指按合同规定，租船人可以接受的船舶最晚装货日期。两者相隔期限被称为船舶的受载期。如果船舶发生了脱期，租船人有权选择保留合同或取消合同。如果船舶脱期是由于出租人的疏忽或大意，则租船人不仅有权解除合同，并且可以提出损害赔偿。

（4）运费。运费是指船东提供船舶运输服务应得的回报。程租合同中有的规定运费率按货物每单位重量或体积的若干金额计算，有的规定整船包价。运费的高低主要取决于租船市场的供求关系，但也与运输距离、货物种类、装卸率等有关。

（5）装卸费用。与班轮运输不同的是，程租船方式下，出租人不负责货物的装和卸，需由租船人与出租人通过谈判确定。业务中，主要有以下四种处理方法：

①船方负担装卸费用，又称班轮条件（Liner Terms or Gross Terms），即与班轮处理方法相同，由出租人负责货物的装卸。

②船方不负担装卸费用（Free In and Out，F. I. O.），采用这一条件还要明确理舱费和平舱费由谁负担。一般都规定费用由租船人负担，即船方不负担装卸、理舱和平舱费（Free In and Out, Stowed, Trimmed, F. I. O. S. T.）。

③船方负担装货费用，但不负担卸货费用（Free Out，F. O.）。

④船方负担卸货费用，但不负担装货费用（Free In，F. I.）。

上述四个条款仅是划分船方、租船方装、卸费用的支付，而非装、卸责任。即使船方不负担装卸费，但对货物的安全运载仍然负有责任。

（6）装卸时间。鉴于程租船方式下，一般多由租船人负责装、卸，故为节省时间，在程租合同中，船东一般规定租船人在一定时间内完成装卸作业的条款，这个规定的时间就是装卸时间（Lay Time）。有的合同则将许可装货与许可卸货的时间分开规定。至于如何计算，需在合同中明确规定。常见的有下列六种方法：

①连续日（Running Days）按自然日计算，时钟连续走过 24 小时算一天。

②工作日（Working Days）。按港口正常工作日计算，节假日除外。这种计算法因世界各地港口工作时间不同，易发生争执，而较少采用。

③累计 8 小时工作日（Working Days of 8 Hours）指不管港口习惯正常工作的时间

如何规定，均以累计达 8 小时作为一个工作日计算。

④累计 24 小时工作日（Working Days of 24 Hours）指不管港口习惯正常工作的时间如何规定，都以累计达到 24 小时作为一个工作日计算。

⑤晴天工作日（Weather Working Days）。此种方式下，既是工作日又是晴天作业才算。如果遇到刮风下雨不能正常进行装卸作业时，则不予计算。

⑥连续 24 小时晴天工作日（Weather Working Days of 24 Consecutive Hours）。在昼夜作业的港口，连续工作 24 小时即算一天。如中间有坏天气，设备损坏或工人不能作业时，就要扣除。这种规定比较明确、合理，是目前采用较多的关于工作日的计算方法，有时还需订明星期日和节假日是否除外，但如果星期日和节假日仍在进行作业，则有两种不同的规定：一种是"周末和节假日除外，即使已使用周末，节假日也不计时间"；另一种是"周末和节假日除外，使用才算时间"。至于周末或节假日何时开始计算、何时结束，也需明确规定对于许可装卸时间的起始点。一般是由船长递交"装船准备就绪通知书"（Notice of Readiness）后的下一个工作日上午 8 时起算，也有的规定递交后 24 小时起算，直到最后一件货物装上或卸下船舶。

（7）滞期费和速遣费。在许可装卸时间内如未能装卸完毕，则自许可装卸时间终止时起至全部货物装卸完毕后的滞期时间，租船人应按合同规定向出租人支付滞期费（Demurrage）。通常滞期费按船舶滞期时间乘以合同规定的滞期费率计算。滞期时间等于实际使用的装卸时间与合同规定的装卸时间之差。滞期时间的具体计算主要有两种方法。第一，"滞期时间连续计算"（Demurrage Runs Continuously）或"一旦滞期，始终滞期"（Once on demurrage, always on demurrage），即超过合同规定的装卸时间后的装卸时间，该扣除的周末、节假日及坏天气因素就不再扣除，而按自然日有一天算一天，均作为滞期的时间计算。第二，"按同样的日期"计算，即滞期时间与装卸时间一样计算，该扣除的时间同样扣除。如在允许装卸时间届满前，提前完成了货物的装卸工作，则对于节省的时间，船东要付给租船人一定的金额作为奖励，这就是速遣费（Despatch）。滞期费和速遣费均按每天若干金额计算，不足一天按比例计算，通常速遣费为滞期费的一半。

二、铁路运输

在我国，铁路运输（Rail Transport）是仅次于海洋运输的又一主要运输方式，通过海洋运输的进出口货物，也大多是靠铁路运输进行货物的集中和分散的。铁路运输一般不受气候条件的影响，可保障全年的正常运输，而且运量较大，速度较快，有高度连续性，运转过程中风险相对较小。办理铁路货运手续比海洋运输简单，且发货人和收货人可在就近的始发站（装运站）和目的站办理托运和提货手续。目前，我国对外贸易货物的铁路运输可分为国际铁路货物联运及对港澳地区的铁路运输两种。

(一) 国际铁路货物联运

凡使用一份统一的国际联运票据，由铁路负责经过两国或两国以上铁路的全程运送，并由一国铁路向另国移交货物时，不需要发货人和收货人参加，这种运输称为国际铁路货物联运。我国与欧洲大陆国家之间经常采用国际铁路联运。目前，我国通往欧洲的国际铁路联运线有两条：一条是利用俄罗斯的西伯利亚大陆桥贯通中东、欧洲各国；另一条是由江苏连云港经新疆与哈萨克斯坦铁路连接，贯通俄罗斯、波兰、德国至荷兰的鹿特丹。后者称为新亚欧大陆桥，运程比海运缩短 9000 千米，比经由西伯利亚大陆桥缩短 3000 千米，进一步推动了我国与欧亚各国的经贸往来，也促进了我国沿线地区的经济发展。业务中，国际铁路货物联运需要依据有关国际条约进行。目前，关于国际铁路货物运输的公约有两个，分别为《国际货约》和《国际货协》。

《国际货约》的全称为《关于铁路货物运输的国际公约》(Convention Concerning International Carriage of Goods by Rail)，1961 年在伯尔尼签字，1975 年 1 月 1 日生效。其成员国包括了主要的欧洲国家，如法国、德国、比利时、意大利、瑞典、瑞士、西班牙及东欧各国，此外，还有西亚的伊朗、伊拉克、叙利亚、西北非的阿尔及利亚、摩洛哥、突尼斯等，共 28 国。

《国际货协》的全称为《国际铁路货物联合运输协定》(Agreement Concerning International Carriage of Goods by Rail)，1951 年在华沙订立。我国于 1953 年加入。1974 年 7 月 1 日生效的修订本，其成员国主要是原苏联、东欧加上中国、蒙古、朝鲜、越南共计 12 国。由于《国际货协》中的东欧国家也是《国际货约》的成员国，这就为《国际货协》国家的进出口货物通过铁路转运到《国际货约》成员国提供了便利。作为《国际货协》成员，凡经由铁路运输的我国进出口货物均按《国际货协》的规定办理。

(二) 对港澳地区的铁路运输

对港澳地区的铁路运输按国内运输办理，但又不同于一般的国内运输。货物由内地装车至深圳中转和香港卸车交货，为两票联运，由外运公司签发"货物承运收据 (Cargo Receipt)。京九铁路和沪港直达通车后，内地至香港地区的运输更为快捷，由于香港地区系自由港，货物在内地和香港间进出，需办理进出口报关手续。

对澳门地区的铁路运输，是先将货物运抵广州南站再转船运至澳门。

三、航空运输

航空运输（Air Transport）是一种现代化的运输方式，它与海洋运输、铁路运输相比，具有运输速度快、货运质量高且不受地面条件的限制等优点。因此，它最适宜运送急需物资、鲜活商品、精密仪器和贵重物品。航空运输方式主要有班机运输、包机运输、集中托运和航空快递业务。

（一）班机运输

班机运输（Scheduled Airline Transport）指其有固定开航时间、航线和停靠航站的飞机。通常为客货混合型飞机，货舱容量较小，运价较贵，但由于航期固定，有利于客户安排鲜活商品或急需商品的运送。

（二）包机运输

包机运输（Chartered Carrier Transport）是指航空公司按照约定的条件和费率，将整架飞机租给一个或若干个包机人（包机人指发货人或航空货运代理公司），从一个或几个航空站装运货物至指定目的地。包机运输适合于大宗货物运输，费率低于班机，但运送时间则比班机要长些。

（三）集中托运

集中托运（Consolidation Transport）是指航空货运代理公司将若干批单独发运的货物集中成一批向航空公司办理托运，填写一份总运单送至同一目的地，然后由其委托当地的代理人负责分发给各个实际收货人。这种托运方式可降低运费，是航空货运代理的主要业务之一。

（四）航空快递业务

航空快递业务（Air Express Service）是由快递公司与航空公司合作，向货主提供的快递服务。其业务包括：由快递公司派专人从发货人处提取货物后以最快航班将货物出运，飞抵目的地后，由专人接机提货，办妥进关手续后直接送达收货人。航空快递业务也称为"桌到桌运输"（Desk to Desk Service）。这是一种最为快捷的运输方式，特别适合于各种急需物品和文件资料。

外贸企业办理航空运输，需要委托航空运输公司作为代理人，负责办理出口货物的提货、制单、报关和托运工作。委托人应填妥国际货物托运单，并将有关报关文件交付航空货运代理。空运代理向航空公司办理托运后，取得航空公司签发的航空运单，即为承运开始。货到目的地后，收货人凭航空公司发出的到货通知书提货。

航空运费按 W/M 方式计算，但其重量体积比为 6000 立方厘米比 1 千克（相当于 6 立方米每公吨），故而实际运费计算以千克为单位。

货物重量按毛重计算,计量单位为千克。重量不足 1 千克的尾数四舍五入。每张航空货运单的货物重量不足 1 千克时,按 1 千克计算。贵重物品按实际毛重计算,计算单位为 0.1 千克。

非宽体飞机载运的货物,每件货物重量一般不超过 80 千克,体积一般不超过 40 厘米×60 厘米×100 厘米。宽体飞机载运的货物,每件货物重量一般不超过 250 千克,体积一般不超过 100 厘米×100 厘米×140 厘米。超过以上重量和体积的货物,承运人可依据机型及出发地和目的地机场的装卸设备条件,确定可收运货物的最大重量和体积。每件货物的长、宽、高之和不得小于 40 厘米。

四、公路运输与邮包运输

(一) 公路运输

公路运输(Road Transportation)是一种现代化的运输方式,它不仅可以直接运进或运出对外贸易货物,而且也是车站、港口和机场集散进出口货物的重要手段。

(二) 邮包运输

邮包运输(Parcel Post Transport)是一种较简便的运输方式。各国邮政部门之间订有协定和合约,通过这些协定和合约,各国邮件包裹可以相互传递,从而形成国际邮包运输。由于国际邮包运输具有国际多式联运和"门到门"运输的性质,加之手续简便,费用不高,故其成为国际贸易中普遍采用的运输方式之一。

邮包运输的手续简便,费用也不太高,但运量有限,故只适用于运输量轻和体积小的商品。

五、集装箱运输

(一) 含义

集装箱运输(Container Transport)是以集装箱作为运输单位进行货物运输的一种现代化的运输方式,它可适用于海洋运输、铁路运输及国际多式联运等。

(二) 集装箱海运运费

当前,集装箱货物海上运价体系较内陆运价成熟。基本上分为两大类:

(1) 沿用件杂货运费计算方法。即以每运费吨为单位(俗称散货价),拼箱货时习惯采用此方式,具体计算方法参见本节班轮运费计算部分。

(2) 包箱费率。集装箱运费通常采用包箱费率,即以每个集装箱为计费单位。根据中国远洋运输公司使用的交通部《中国远洋货运运价本》,有以下 3 种包箱费率:① FAK(Freight for all kinds)包箱费率。指对每一集装箱不分货类统一收取的费率。② FCS(Freight for class)包箱费率。指按不同货物等级制定的包箱费率。货物等级也是 1

~20级，但级差较小。一般低价货费率高于传统运输费率，高价货费率则低于传统运输费率；同一等级货物，实重货运价高于体积货运价。③FCB（Freight for class& basis）包箱费率。指既按不同货物等级或货类，又按计算标准制定的费率。同一级费率因计算标准不同，费率也不同。如8~10级，CY/CY交接方式，20英尺集装箱货物如按重量计费为1500美元，如按尺码计费则为1450美元。

（三）集装箱货物装箱与交接方式

集装箱这种交接方式应在运输单据上予以说明。国际上通用的表示方式为：每个集装箱有固定的编号，装箱后封闭箱门的钢绳铅封上印有号码。集装箱号码和封印号码可取代运输标志，显示在主要出口单据上，成为运输中的识别标志和货物特定化的记号。由于集装箱是一种新的现代化运输方式，它与传统的货物运输有很多不同，做法也不一样。目前国际上对集装箱运输尚没有一个行之有效并被普遍接受的统一做法，但在处理集装箱具体业务中，各国大体上做法近似。现根据当前国际上对集装箱业务的通常做法，简介如下：

1. 集装箱货物装箱方式

根据集装箱货物装箱数量和方式可分为整箱装和拼箱装两种。

（1）整箱装（Full Container Load，FCL）。这是指货方自行将货物装满整箱以后，以箱为单位托运的集装箱。这种情况通常在货主有足够货源装载一个或数个整箱时采用，除有些大的货主自己备有集装箱外，一般都是向承运人或集装箱租赁公司租用一定的集装箱。空箱运到工厂或仓库后，在海关人员的监管下，货主把货装入箱内、加锁、铝封后交承运人并取得站场收据，最后凭收据换取提单或运单。

（2）拼箱装（Less than Container Load，LCL）。它是指承运人（或代理人）接受货主托运的数量不足整箱的小票货运后，根据货物性质和目的地进行分类整理，把去同一目的地的货集中到一定数量拼装入箱。由于一个箱内有不同货主的货拼装在一起，所以叫拼箱装。这种情况在货主托运数量不足装满整箱时采用。拼箱货的分类、整理、集中、装箱（拆箱）交货等工作均在承运人码头集装箱货运站或内陆集装箱转运站进行。

2. 装箱货物交接方式

如上所述，鉴于集装箱货运分为整箱和拼箱两种，因此在交接方式上也有所不同，纵观当前国际上的做法，可分为四类。

（1）整箱交，整箱接（FCL/FCL）。货主在工厂或仓库把装满货后的整箱交给承运人，收货人在目的地以同样整箱接货。换言之，承运人以整箱为单位负责交接。货物的装箱和拆箱均由货方负责。

(2) 拼箱交，拼箱接（LCL/LCL）。货主将不足整箱的小票托运货物在集装箱货运站或内陆转运站交给承运人，由承运人负责拼箱和装箱运到目的地货站或内陆转运站，由承运人负责拆箱，拆箱后，收货人凭单接货。货物的装箱和拆箱均由承运人负责。

(3) 整箱交，拼箱接（FCL/LCL）。货主在工厂或仓库把装满货后的整箱交给承运人，在目的地的集装箱货运站或内陆转运站由承运人负责拆箱后，各收货人凭单接货。

(4) 拼箱交，整箱接（LCL/FCL）。货主将不足整箱的小票托运货物在集装箱货运站或内陆转运站交给承运人。由承运人分类调整，把同一收货人的货集中拼装成整箱，运到目的地后，承运人以拼箱交，收货人以整箱接。

上述各种交接方式中，以"整箱交，整箱接"效果最好，也最能发挥集装箱的优越性。

3. 集装箱货物交接地点

集装箱货物的交接，根据贸易条件所规定的交接地点不同，一般分为以下九种：

(1) 门到门（Door to Door）：从发货人工厂或仓库至收货人工厂或仓库。

(2) 门到场（Door to CY）：从发货人工厂或仓库至目的地或卸箱港的集装箱堆场。

(3) 门到站（Door to CFS）：从发货人工厂或仓库至目的地或卸箱港的集装箱货运站。

(4) 场到门（CY to Door）：从起运地或装箱港的集装箱堆场至收货人工厂或仓库。

(5) 场到场（CY to CY）：从起运地或装箱港的堆场至目的地或卸箱港的集装箱堆场。

(6) 场到站（CY to CFS）：从起运地或装箱港的集装箱堆场至目的地或卸箱港的集装箱货运站。

(7) 站到门（CFS to Door）：从起运地或装箱港的集装箱货运站至收货人工厂或仓库。

(8) 站到场（CFS to CY）：从起运地或装箱港的集装箱货运站至目的地或卸箱港的集装箱堆场。

(9) 站到站（CFS to CFS）：从起运地或装箱港的集装箱货运站至目的地或卸箱港的集装箱货运站。

以上九种交接方式，进一步可归纳为以下四种方式：

(1) 门到门：这种运输方式的特征是，在整个运输过程中，完全是集装箱运输，并无货物运输，故最适宜于整箱交，整箱接。

（2）门到场站：这种运输方式的特征是，由门到场站为集装箱运输，由场站到门是货物运输，故适宜于整箱交，拆箱接。

（3）场站到门：这种运输方式的特征是，由门到场站是货物运输，由场站到门是集装箱运输，故适宜于拼箱交，整箱接。

（4）场站到场站：这种运输方式的特征是，除中间一段为集装箱运输外，两端的内陆运输均为货物运输，故适宜于拼箱交，拆箱接。

六、国际多式联运

（一）国际多式联运的概念

国际多式联运（International Multimodal Transport 或 International Combined Transport，美国称为 International Intermodal Transport）是在集装箱运输的基础上产生和发展起来的一种综合性的连贯运输方式，它一般是以集装箱为媒介，把海、陆、空各种传统的单一运输方式有机地结合起来，组成一种国际间的连贯运输。1980 年《联合国国际货物多式联运公约》（United Nations Convention on International Multimodal Transport of Goods，1980）对国际多式联运所下的定义是："国际多式联运是指按照多式联运合同，以至少两种不同的运输方式，由多式联运经营人把货物从一国境内接运货物的地点运至另一国境内指定付交货物的地点。"

（二）构成多式联运应具备的条件

根据1980年的《联合国国际货物多式联运公约》对国际多式联运做出的定义，构成国际多式联运需同时具备下述条件：

（1）必须有一个多式联运合同，且合同中应明确规定多式联运经营人和托运人之间的权利、义务、责任以及豁免。

（2）必须使用一份包括全程的多式联运单据（Multimodel Transport Documents，MTD）。

（3）必须由一个多式联运经营人负责全程运输。

（4）必须是全程单一的运费费率。

（5）必须至少在两个国家地区之间进行货物运输。

（6）必须至少是两种不同运输方式的连贯运输。

国际多式联运具有手续简便、迅速安全、运费合理、收汇及时和统一理赔等优点，而且有助于货运质量的提高。为便于不同运输方式之间的货物交接与连贯运输，国际多式联运一般都采用集装箱运输。

多式联运的承运人既可以是掌握运输工具的实际承运人，也可以是不掌握运输工具，而是将已承运的货物再委托给其他承运人运输的"无船承运人"。发货人只要向多式联运经营人一次性办理托运后,无论货物经过几种运输方式,均由多式联运经营人负责全程运输,也就是说,货物无论在哪一程运输中发生了其责任范围内的损坏或灭失,均由多式联运经营人负责向发货人理赔,这是它与某些所谓的联合运输的不同之处。

开展国际多式联运是实现"门到门"运输的有效途径,它简化了手续,减少了中间环节,加快了货运速度,降低了运输成本,提高了货运质量。目前,我国已开办多条国际多式联运线路,可以与远至北美、欧洲、非洲,近至东亚、中东等许多国家通过国际多式联运进行货物的往返托运。

第二节 运输单据

广义上的运输单据是指与货物运输有关的单据，它由托运单据及装运单据两部分组成。其中托运单据是指托运人委托办理货物运输的单据，装运单据则是承运人或其代理人在收到承运货物或承运货物装上规定的运输工具后签发给托运人的证明文件，它是交接货物、处理索赔与理赔以及向银行结算货款或进行议付的重要单据。狭义上的运输单据仅指装运单据，也称货物收据。

本节主要介绍装运单据。在国际货物运输中，装运单据因运输方式的不同而不同，主要可分为海运提单与海运单、铁路运单、承运货物收据、航空运单和邮包收据等。

一、海运提单与海运单

（一）海运提单

海运提单（Ocean Bill of Lading）简称提单（B/L），是船公司或其代理人应托运人的要求所签发的货物收据（Receipt of Goods）。

1. 提单的作用

实践中，提单的作用主要表现为以下三个方面：

（1）货物收据（Receipt of the Goods）。承运人或其代理人签发提单即表明承运人已按提单所载内容收到货物。它虽作为货物收据，但并不以货物装船为条件。通常是当货主将货物送交承运人指定的仓库或地点时，根据货主的要求，可先签发备运提单，待货物装船完毕后，再换发已装船提单。

（2）运输契约（Evidence of the Contract of Carriage）。提单本身并不是运输合同。因为，在班轮运输时，当船公司或其代理签发装货单，同意承运托运人的货物时，运输合同即告成立；在租船运输时，租船合同则是运输合同，而提单是在其后才签发的。虽然如此，由于提单上载明了通常运输合同所应具备的各项重要条件和条款，当承托双方发生纠纷时，仍以提单上载明的条款为依据。

（3）物权凭证（Documents of Title）。提单在其性质上代表了货物的所有权，谁占有了提单，谁就占有了货物，并且在货物运输过程中有权处理提单上载明的货物。

2. 提单的内容

一般情况下，提单的内容包括正面和背面条款。

（1）提单正面条款包括：托运人提供并填写部分，包括托运人、收货人、被通知人、货名、标志及件数、毛重、尺码等；承运人印就与填写的部分，其中常见的印就内容包括外表状况良好条款、内容不知条款及承认接受条款。

（2）提单背面条款主要是规定承运人与货主之间的权利、义务和责任豁免，是双方处理争议时的主要法律依据。

业务中，由于比较多地采用班轮运输，所以习惯使用的提单只有正面条款，而无背面条款。

3. 提单的种类

根据不同的标准，提单可以划分为不同的类型。

（1）按货物是否已装船划分。

①已装船提单（Shipped B/L, or Shipped on Board B/L）。已装船提单是指货物装船后由承运人或其授权代理人根据大副收据（Mate's Receipt，M/R）签发给托运人的提单。如果承运人签发了已装船提单，就是确认他已将货物装在船上。这种提单除载明一般事项外，通常还需注明装载货物的船舶名称和装船日期，也就是提单项下货物的装船日期。鉴于已装船提单对于收货人及时收到货物有保障，因此在国际货物买卖合同中一般都要求卖方提供已装船提单。根据 INCOTERMS 2010 规定，凡以 CIF 或 CFR 条件成立的货物买卖合同，卖方应提供已装船提单。在以跟单信用证为付款方式的国际贸易中，更是要求卖方必须提供已装船提单。

②收货待运提单（Received for Shipment B/L）。又称备运提单、待装提单，它是承运人在收到托运人交来的货物，但尚未装船时，应托运人要求而签发的提单。签发这种提单时，说明承运人确认货物已交由承运人保管并存在其所控制的仓库或场地，但还未装船。所以，这种提单未载明所装船名和装船时间，在跟单信用证支付方式下，银行一般都不接受这种提单。但当货物装船，承运人在这种提单上加注装运船名和装船日期，并签字盖章后，待运提单即成为已装船提单。同样，托运人也可以用待运提单向承运人换取已装船提单。《中华人民共和国海商法》（以下简称《海商法》）第 74 条对此做出了明确的规定。

随着集装箱运输的发展，承运人在内陆收货的情形更为频繁，但货运站却无法签发已装船提单，而货物装入集装箱后没有特殊情况，货物质量一般不会受到影响。港口收到集装箱货物后，向托运人签发"场站收据"，托运人可持"场站收据"向承运人换取"待运提单",这里的待运提单实质上是"收货待运提单"。由于在集装箱运输中,承运人的责任期间已向两端延伸,所以根据《联合国国际货物多式联运公约》和《跟单信用证统一惯例》的规定,在集装箱运输中银行是能接受以这种提单办理货款结汇的。

我国《海商法》第74条规定,"货物装船前,承运人已经应托运人的要求签发收货待运提单或者其他单证的,货物装船完毕,托运人可以将收货待运提单或者其他单证退还承运人,以换取已装船提单;承运人也可以在收货待运提单上加注承运船舶的船名和装船日期,加注后的收货待运提单视为已装船提单。"

由此可见,就承运人的责任而言,集装箱下的"收货待运提单"与"已装船提单"功能相同。因为集装箱货物的责任期间是从港口收货时开始的,与非集装箱装运货物从装船时开始不同。目前,《跟单信用证统一惯例》也允许接受集装箱的"收货待运提单"。但目前国际贸易的信用证中,仍往往规定海运提单需是"已装船提单",以使开证者放心。

(2) 按提单收货人的抬头划分。

①记名提单(Straight B/L)。记名提单又称收货人抬头提单,是指提单上的收货人(Consignee)一栏中填写有具体收货人名称的提单。提单所记载的货物只能由提单上特定的收货人提取。或者说承运人在卸货港只能把货物交给提单上所指定的收货人。若承运人将货物交给提单指定的收货人之外的人,即使该人占有该提单,承运人也应对提单载明的收货人负责。这种提单失去了代表货物可转让流通的便利,但同时也可以避免在转让过程中可能带来的风险。

使用记名提单,若货物交付不涉及贸易合同下的义务,则可不通过银行而由托运人将其邮寄收货人,或由船长随船代交。这样,提单就能及时送达收货人,而不致延误。因此,记名提单一般只适用于运输展览品或贵重物品,特别是短途运输中使用较有优势,而在国际贸易中使用较少。

②指示提单(Order B/L)。指在提单正面"收货人(Consignee)"一栏内填上"凭指示(To order)或"凭某人指示"(To order of...) 字样的提单。这种提单按指示人的不同,可进一步细分为托运人指示提单、记名指示人提单及选择指示人提单。

如果在收货人栏内只填记"指示"字样,则称为托运人指示提单。这种提单在托运人未指定收货人或受让人之前,货物所有权仍属于卖方,在信用证支付方式下,托运人就是以议付银行或收货人为受让人,通过转让提单而取得议付货款的。如果收货人栏内填记"To order of ABC Co.",则称为记名指示人提单;如果在收货人栏内填记"To ABC or order",则称为选择指示人提单。记名指示人提单或选择指示人提单中指示人"ABC"既可以是银行的名称，也可以是托运人。

指示提单是一种可转让提单。提单持有人可通过背书（Endorsement）方式将其转让给第三者，而无需经过承运人认可，故这种提单受买方所欢迎。而不记名指示（托运人指示）提单与记名指示提单不同，它没有经提单指定人背书才能转让的限制，故其流通性更大。指示提单在国际海运业务中使用较广泛。

③不记名提单（Open B/L）。指提单上收货人一栏内未指明具体收货人，而注明"提单持有人"（Bearer）字样或将此栏留空不填（In blank）的提单。这种提单不需背书手续即可转让，用于提取货物，极为简便。承运人应将货物交给提单持有人，谁持有提单，谁就可用来提货，承运人交付货物只凭单，而不凭人。但这种提单丢失或被窃的风险极大，若转入第三者手中，极易引起纠纷，故国际上较少使用这种提单。另外，根据有些班轮公会的规定，凡使用不记名提单时，在给大副的提单副本中需注明卸货港通知人的名称和地址。

根据我国《海商法》第79条规定，"记名提单，不得转让；指示提单，经过记名背书或者空白背书转让；不记名提单，无需背书，即可转让。"

记名提单虽然安全，但不能转让，对贸易各方的交易不便，所以使用不多。不记名提单无需背书即可转让，任何人持有提单便可要求承运人放货，对贸易各方不够安全，风险较大，很少采用。指示提单可以通过背书转让，适应了正常贸易需要，故其在实践中被广泛应用。

背书是有价证券转让时的手续，是指有价证券的持有人在其背面签上自己的名字，有时再写上被背书人（又称被转让人）的名称，并将其交给受让人的行为。它可分记名背书（Special Endorsement）和空白背书（Endorsement in Blank）。前者是指背书人在提单背面标注有背书人名称，而后者不标注，仅有转让人签名。

（3）按提单上有无包装不良批注划分。

①清洁提单（Clean B/L）。其指在装船时，货物外表状况良好，承运人在签发提单时，未在提单上加注任何有关货物残损，包装不良，件数、重量和体积短少，或其他妨碍结汇的批注的提单称为清洁提单。使用清洁提单在国际贸易实践中非常重要，买方要想收到完好无损的货物，首先必须要求卖方在装船时保持货物外观良好，并要求卖方提供清洁提单。《跟单信用证统一惯例》第600号出版物第27条规定，银行只接受清洁运输单据。清洁运输单据指未载有明确表示货物或包装有缺陷的条款或批注的运输单据。"清洁"一词并不需要在运输单据上出现，即使信用证要求运输单据为"清洁已装船"的。

由此可见，在以信用证为付款方式的贸易中，卖方通常只有向银行提交清洁提单才能取得货款。清洁提单是收货人转让提单时必须具备的条件，同时其也是履行货物买卖合同规定的交货义务的必要条件。

我国《海商法》第76条规定，"承运人或者代其签发提单的人未在提单上批注货物表面状况的，视为货物的表面状况良好。"

由此可见，承运人一旦签发了清洁提单，货物在卸货港卸货后，如发现有残损，除非是由于承运人可以免责的原因所致，承运人必须负责赔偿。

②不清洁提单（Unclean B/L）。在货物装船时，承运人若发现货物包装不牢、破残、渗漏、玷污、标志不清等现象时，大副将在收货单上对此加以批注，并将此批注转载至提单，此时该提单将成为不清洁提单。我国《海商法》第75条规定，"承运人或者代其签发提单的人，知道或者有合理的根据怀疑提单记载的货物的品名、标志、包数或者件数、重量或者体积与实际接收的货物不符，在签发已装船提单的情况下怀疑与已装船的货物不符，或者没有适当的方法核对提单记载的，可以在提单上批注，说明不符之处、怀疑的根据或者说明无法核对。"实践中承运人接受货物时，如货物外表状况不良，一般先在大副收据（Mate's Receipt）上做出记载，在正式签发提单时，再在提单上记载上述事项。在国际贸易实践中，银行是拒绝出口商以不清洁提单办理结汇的。为此，托运人应及时修补或更换已经损坏或外表状况有缺陷的货物。但业务中，当交单装运时间紧迫，且包装损坏不影响货物质量、数量时，习惯上的变通办法是由托运人出具保函，要求承运人不将大副收据上所做的有关货物外表状况不良的批注转批到提单上，并据保函签发清洁提单，以使出口商能顺利完成结汇。但是，承运人因未将大副收据上的批注转移到提单上，承运人可能承担对收货人的赔偿责任，承运人因此遭受损失，应由托运人赔偿。那么，托运人是否能够赔偿，在向托运人追偿时，往往难以获得法律保护，而承担很大风险。承运人与收货人之间的权利义务是提单条款的规定，而非保函的保证。所以，承运人不能凭保函拒赔，保函对收货人是无效的，如果承、托双方的做法损害了第三者收货人的利益，有违民事活动的诚实守信的基本原则，易构成与托运人的串通，对收货人进行欺诈行为。

但因保函换取提单的做法，有时确能起到变通作用，故在实践中难以完全被拒绝。我国最高人民法院在《关于保函是否具有法律效力问题的批复》中指出，"海上货物运输的托运人为换取清洁提单而向承运人出具的保函，对收货人不具有约束力。不论保函如何约定，都不影响收货人向承运人或托运人索赔；对托运人和承运人出于善意而由一方出具另一方接受的保函，双方均有履行之义务。"承运人应当清楚自己在接受保函后所处的地位，切不可掉以轻心。

（4）根据运输方式划分。

①直达提单（Direct B/L）。直达提单又称直运提单，是指货物从装货港装船后，中途不经转船，直接运抵目的港卸船并交与收货人的提单。直达提单上不得有"转船"或"在某港转船"的批注。凡信用证规定不准转船者，需使用这种直达提单。若提单背面条款印有承运人有权转船的"自由转船"条款者，不影响该提单成为直达提单的性质。

②转船提单（Transhipment B/L）。货物从起运港装载的船舶不直接驶往目的港，需在中途港口换装其他船舶转运至目的港卸货，承运人签发这种提单称为转船提单。转船提单上注有"转运"或在"某港转船"字样，转船提单往往由第一程船的承运人签发。由于货物中途转船，增加了转船费用和风险，并影响到货时间，故一般信用证内均规定不允许转船，但直达船少或没有直达船的港口，买方也只好同意可以转船。

按照《海牙规则》，如船舶不能直达货物目的港，非中转不可，一定要事先征得托运人同意。船舶承运转船货物，主要是为了扩大营业、获取运费。转运的货物一般均属零星杂货，如果是大宗货物，托运人可以租船直航目的港，这就不会发生转船问题。

③联运提单（Through B/L）。联运提单是指货物运输需经两段或两段以上的运输方式（且其中一种为海运）来完成，如海陆、海空或海海等联合运输所使用的提单。

④多式联运提单（Multimodal Transport B/L）。这种提单主要用于集装箱运输。它是指一批货物需经过两种以上不同的运输方式，其中一种是海上运输方式，由一个承运人负责全程运输，负责将货物从接收地运至目的地交付收货人，并收取全程运费所签发的提单。提单内的项目不仅包括起运港和目的港，还列明第一程、第二程等运输路线，以及收货地和交货地。

多式联运是由两种或两种以上不同运输方式组成的，多式联运提单是参与运输的两种或两种以上运输工具协同完成所签发的提单。

(5) 按提单内容繁简划分。

①全式提单（Long Form B/L）。全式提单是指提单除正面印就的提单格式所记载的事项，背面列有关于承运人与托运人及收货人之间权利、义务等详细条款的提单。由于条款繁多，故又称繁式提单。

②简式提单（Short Form B/L, or Simple B/L）。简式提单又称略式提单、短式提单，是相对于全式提单而言的，是指提单背面未载明关于承运人与托运人及收货人之间权利义务等详细条款的提单。这种提单一般在正面印有"简式"（Short Form）字样，以示区别。简式提单中通常列有如下条款："本提单货物的接收、保管、运输和运费等事项，均按本提单全式提单的正面、背面的铅印、手写、印章和打字等书面条款和例外条款办理，该全式提单存于本公司及其分支机构或代理处，可供托运人随时查阅。"

简式提单通常包括租船合同项下的提单和非租船合同项下的提单。

租船合同项下的提单。在以航次租船的方式运输大宗货物时，船货双方为明确双方的权利、义务，首先要订立航次租船合同，在货物装船后承租人要求船方或其代理人签发提单作为已收到有关货物的收据，这种提单就是"租船合同项下的提单"。因为这种提单中注有"所有条件均根据某年某月某日签订的租船合同"（All terms and conditions as per charter party dated...），或者注有"根据……租船合同开立"字样，所以，它要受租船合同的约束。因为银行不愿意承担可能发生的额外风险，所以当出口商以这种提单交银行议付时，银行一般不愿接受。只有在开证行授权可接受租船合同项下的提单时，议付银行才会同意，但一般同时要求出口商提供租船合同副本。根据租船合同签发的提单所规定的承运人责任，一般应与租船合同中所规定的船东责任相一致。如果提单所规定的责任大于租船合同所规定的责任，在承租人与船东之间仍以租船合同为准。

非租船合同项下的简式提单是指为简化提单缮制工作，有些船公司签发给托运人的一种简式提单，它们将全式提单留存，以备托运人查阅。这种简式提单上一般印有"各项条款及例外条款以本公司正规的全式提单所印的条款为准"等内容。按照国际贸易惯例，银行可接受这种简式提单。这种简式提单与全式提单在法律上具有同等效力。

（6）按签发提单的时间划分。

①倒签提单（Anti-dated B/L）。倒签提单是指承运人或其代理人应托运人的要求，在货物装船完毕后，以早于货物实际装船日期作为提单签发日期的提单。当货物实际装船日期晚于信用证规定的装船日期，若仍按实际装船日期签发提单，托运人就无法结汇。为使签发提单的日期与信用证规定的装运日期相符，以便结汇，承运人应托运人的要求，在提单上仍以信用证的装运日期填写签发日期，以免违约。

签发这种提单，尤其当倒签时间过长时，有可能推断承运人未使船舶尽快速遣，因而承担货物运输延误的责任。特别是市场上货价下跌时，收货人可以以"伪造提单"为借口拒绝收货，并向法院起诉要求赔偿。故承运人签发这种提单将承担一定风险。但为了贸易需要，在一定条件下，如在该票货物已装船完毕，但所签日期是船已抵港并开始装货，而所签提单的这票货尚未装船，是尚未装船的某一天；或签单的货物是零星货物而非数量很大的大宗货；或倒签时间与实际装船完毕时间间隔不长等情形下，在取得托运人保证承担一切责任的保函后，方可考虑签发。

②预借提单（Advanced B/L）。预借提单是指货物尚未装船或尚未装船完毕的情况下，信用证规定的结汇期（即信用证的有效期）即将届满，托运人为能及时结汇，而要求承运人或其代理人提前签发的已装船清洁提单，即托运人为了能及时结汇而从承

运人那里借用的已装船清洁提单。这种提单往往是当托运人未能及时备妥货物或船期延误，船舶不能按时到港装货，估计货物装船完毕的时间可能超过规定的结汇期时，托运人采用从承运人那里借出的提单用以结汇，当然必须出具保函。签发这种提单时，承运人同样会承担更大风险，可能产生承、托双方合谋对善意的第三者收货人进行欺诈的行为。签发这种提单的后果可能有：第一，因为货物尚未装船而签发提单，即货物未经大副检验而签发清洁提单，有可能增加承运人的赔偿责任；第二，签发提单后，可能因种种原因改变原定的装运船舶，或发生货物灭失、损坏，这样就会很容易地使收货人掌握预借提单的事实，以欺诈为由拒绝收货，并向承运人提出索赔要求，甚至诉讼。

鉴于上述情况，不少国家地区的法律规定和案例表明，在签发预借提单时，承运人不但承担货损赔偿责任，还会丧失享受责任限制和援引免责条款的权利，即使该票货物是因免责事项受损的，承运人也需赔偿货物的全部损失。故作为承运人，对于签发倒签或预借提单往往十分慎重。

③过期提单（Stale B/L）。过期提单有两种含义：一是指出口商在装船后延滞过久才交到银行议付的提单；二是指晚于货物到达目的港的提单。近洋国家的贸易合同一般都规定有"过期提单可接受"的条款（Stale B/L is acceptable）。

（7）按收费方式划分。

①运费预付提单（Freight Prepaid B/L）。以 CFR 及 CIF 条件成交时，运费在装运港装船时支付，即托运人需预付运费。此时，出具的提单称为运费预付提单。这种提单正面载明"运费预付"（"Prepaid 或 Paid"字样，运费付后才能取得提单；付费后，若货物灭失，运费不退）。

②运费到付提单（Freight to Collect B/L）。以 FOB 条件成交的货物，不论是买方订舱还是买方委托卖方订舱，运费均为到付（Freight Payable at Destination），并在提单上载明运费到付（To be paid 或 To Collect）字样，这种提单称为运费到付提单。货物运到目的港后，只有付清运费，收货人才能提货。根据国际惯例，如货物运抵目的港，买方拒付运费，船方可行使货物留置权（Lien on Cargo），即保留拒绝交货的权力。

（8）最低运费提单（Minimum B/L）。最低运费提单是指对每一提单上的货物按起码收费标准收取运费所签发的提单。若托运人托运货物批量过少，按其数量计收的运费额低于运价表规定的起码收费标准时，承运人均按起码收费标准收取运费，为该批货物签发的提单即为最低运费提单，也可称为起码收费提单。

（9）舱面货提单（On Deck B/L）。舱面货提单又称甲板货提单。这是指货物装于露天甲板上承运时，于提单注明"装于舱面"（On Deck）字样的提单。

在贸易实践中，有些体积庞大的货物及某些有毒货物和危险物品不宜装于舱内，只能装在船舶甲板上。货物积载于甲板承运，遭受灭失或损坏的可能性很大，除商业习惯允许装于舱面的货物如木材，法律或有关法规规定必须装于舱面的货物，承运人和托运人之间协商同意装于舱面的货物外，承运人或船长不得随意将其他任何货物积载于舱面承运。如承运人擅自将货物装于舱面，一旦灭失或损坏，承运人不但要承担赔偿责任，且还将失去享受的赔偿责任限制的权利。但是，如果签发的是表明承、托双方协商同意的，注有"装于舱面"字样的舱面提单，而且实际上也是将货物积载于舱面，那么，只要货物的灭失或损坏不是承运人的故意行为造成的，承运人仍可免责。

为减轻风险，买方一般不愿意把普通货物装在舱面上，有时甚至在合同和信用证中明确规定，不接受舱面货提单。银行为了维护开证人的利益，对这种提单一般也予以拒绝。

（10）集装箱提单（Container B/L）。集装箱提单是集装箱货物运输下主要的货运单据，是负责集装箱运输的经营人或其代理人，在收到集装箱货物后签发给托运人的提单。它与普通货物提单的作用和法律效力基本相同，但也有其特点：①由于集装箱货物的交接地点不同，一般情况下，由集装箱堆场或货运站在收到集装箱货物后签发场站收据，托运人以此换取集装箱提单结汇。②集装箱提单的承运人责任有两种：一是在运输的全过程中，各段承运人仅对自己承担的运输区间所发生的货损负责；二是多式联运经营人对整个运输承担责任。③集装箱内所装货物，需在条款中说明。因为有时由发货人装箱，承运人不可能知道内装何物，一般都有"Said to Contain"条款，否则损坏或灭失时整个集装箱按一件赔偿。④提单内说明箱内货物数量、件数，铅封是由托运人来完成的，承运人对箱内所载货物的灭失或损坏不予负责，以保护承运人的利益。⑤提单上不能出现"On Deck"字样。⑥集装箱提单上没有"装船"字样，它们都是收讫待运提单，而提单上却没有"收讫待运"字样。

此外，按船舶经营性质，提单还可划分为班轮提单和租船提单，按提单使用有效性可划分为正本提单和副本提单，按货物运输形式可划分为件杂货提单和集装箱运输提单，按货物进出口可划分为进口货运提单和出口货运提单等。

（二）海运单

英国《1992年海上货物运输法》（The U. K. Carriage of Goods by Sea Act 1992）第1条第3款将海运单（Seaway Bill）定义为："海运单是指不是提单的任何单证，但它：（1）是一种包含或证明海上货物运输合同的货物收据，而且（2）载明了承运人根据该项运输合同向其交付货物的人。"

由此可见，海运单是承运人收到货物后出具的不可流通的收据。它明确地批注

"不可流通"。它通常于正常的集装箱贸易的航运中,在托运人同意不坚持要求签发可流通的提单时使用。它不是一份物权凭证。

海运单不能背书转让,收货人无需凭海运单,只需出示适当的身份证明,即可提取货物。因此海运单迟延到达、灭失、失窃等均不影响收货人提货,这样可有效地防止海运欺诈及错误交货的发生。海运单在无转卖货物意图的贸易运输中焕发了勃勃生机。1990年在国际海事委员会第34届大会上通过了《国际海事委员会海运单统一规则》供当事人选择适用。

实践中,海运单主要运用于以下几种情形:①跨国公司内部交易时;②在赊销或双方以买方付款作为转移货物所有权的前提条件,提单已失去其使用意图时;③往来已久,充分信任,关系密切的伙伴贸易间进行业务时;④运输无资金风险的家用的私人物品、无商业价值的样品时;⑤短途海运下,货物先到而提单未到时。

二、铁路运输单据

铁路运输可分为国际铁路联运和国内铁路运输两种方式,前者使用国际铁路联运运单,后者使用国内铁路运单。通过铁路对港、澳出口的货物,由于国内铁路运单不能作为对外结汇的凭证,故使用承运货物收据这种特定性质和格式的单据。

三、航空运单

航空运单(Airway Bill)是承运人与托运人之间签订的运输契约,也是承运人或其代理人签发的货物收据。航空运单还可作为核收运费的依据和海关查验放行的基本单据。但航空运单不是代表航空公司的提货通知单。在航空运单的收货人栏内,必须详细填写收货人的全称和地址,而不能做成指示性抬头。

四、邮包收据

邮包收据(Parcel Post Receipt)是邮包运输的主要单据,它既是邮局收到寄件人的邮包后所签发的凭证,也是收件人凭以提取邮件的凭证,当邮包发生损坏或丢失时,它还可以作为索赔和理赔的依据。但邮包收据不是物权凭证。

五、多式联运单据

多式联运单据(Combined Transport Documents,C.T.D.)是在多种运输情况下所使用的一种运输单据。这种运输单据虽与海运中的联运提单有相似之处,但其性质与联运提单有区别。

第三节　合同中的运输条款

运输条款又称装运条款。交易洽商时，买卖双方需就交货时间、装运地和目的地、能否分批装运和转船、转运等问题进行磋商，并在合同中具体订明。明确、合理地规定装运条款，是保证进出口合同顺利履行的重要条件。

装运条款的内容及其具体订立与合同的性质和运输方式有着密切的关系。我国进出口合同大部分是 FOB、CIF 和 CFR 合同，且大部分货物通过海洋运输。海运时，合同的装运条款应包括装运时间、装运港、目的港、是否允许转船与分批装运、装运通知，以及滞期、速遣条款等内容。其他运输方式下，可参照此处理。

一、装运时间

装运时间，又称装运期（Time of Shipment），是买卖合同的主要条件，如违反这一条件，买方有权撤销合同，并要求卖主赔偿其损失。

根据 INCOTERMS 2010 规定，以 FOB、CFR、CIF、FCA、CPT 及 CIP 价格术语订立合同时，卖方只要在合同规定的装运地（港）将货物装到船上或交付承运人监管就算完成了交货义务，以这类贸易术语成交的合同是一种装运合同，合同中的交货时间实际上是装运时间，卖方对何时到货并不承担责任。而 DAT、DAP、DPP、EXW、FAS 术语，则是卖方必须将货物置于买方的实际控制之下，此时，合同中规定的交货时间即为买卖双方实际交接货物的时间。

交货时间是合同中的重要条款。推迟和提前交货都构成违约。对于装运合同中装运期的规定，通常有下列做法：

（1）规定明确的装运时间。如 Shipment during December 2015，Shipment not later than Dec 31，2015（不迟于2015年12月31日装运）。前者对装运期规定了上下限，后者则只规定了最迟装运日期。

（2）规定收到信用证后若干天装运。采用信用证支付方式的合同，卖方为避免买方未开出或未及时开立信用证而可能造成卖方损失的风险，有时可采用此种规定方法。

此时卖方往往要等收到买方开来信用证后才开始备货或投产，因而交货时间与收到信用证的时间相连。如：Shipment within 45 days after receipt of letter of credit。

以此种方式规定装运时间时，卖方的交货时间取决于买方开立信用证的时间，卖方处于较被动的地位。为防止买方延迟开证而引起卖方延期交货，建议在贸易合同中对买方开证的最迟期间加以规定，如可规定："买方最迟应于装运期到来前 15 天将有关信用证开到卖方，否则由此引起的延期交货责任由买方承担。"

二、装运港和目的港

国际间货物买卖时，其"位移"过程总有一个起点、一个终点。以海运为例，起点为装运港，终点为目的港，其中装运港（Port of Shipment）是指货物起始装运的港口，而目的港（Port of Destination）则为最终卸货港口。

INCOTERMS 2010 规定，不管哪个价格术语，其后均需跟随一个指定地点，有的是装运港（地），有的是目的港（地），有的则是其他地点（如边境城市）。鉴于此，对于买卖双方选择的贸易术语之后必须随附的地点，买卖双方在谈判中必须加以明确，并在合同中明确规定，有重名港口城市时，还需加上港口城市所在国家（地区）。而与之相对应的另一个地点，往往由交易对方掌握，故谈判中可以不涉及，合同中也可不规定，需要时，也可选择"中国北方主要港口"或"美国西海岸港口"等方式做出笼统规定，以免陷入不必要的被动。如使用 INCOTERMS 2010 中的 CFR、CIF 术语成交时，其后跟随的是目的港，故需明确目的港名称，唯有如此，买卖双方才能确定价格。但至于出口商从何地运出该商品，则是出口商自己的选择，故可不讨论装运港，或在合同中仅做出笼统性规定。

三、分批装运和转船

所谓分批装运（Partial Shipment）是指一笔成交的货物，分若干批装运。根据《跟单信用证统一惯例》（2007 年修订本，国际商会第 600 号出版物）（The Uniform Customs and Practice for Documentary Credits, 2007 Revision, ICC Publication No. 600，以下简称 UCP600）第 31 条规定，"表明使用同一运输工具并经由同次航程运输的数套单据在同一次提交时，只要显示相同目的地，将不视为部分发运，即使运输单据上标明的发运日期不同或装货港、接管地或发送地点不同。"在大宗货物交易中，买卖双方根据交货数量、运输条件和市场销价需要等因素，可在合同中规定分批装运条款。

需要注意的是，UCP600 第 32 条规定，"如信用证规定在指定的时间段内分期支取或分期发运，任何一期未按信用证规定期限支取或发运时，信用证对该期及以后各期均告失效。"

转船（Transhipment），又称转运，是指运输过程中的转船、转机及从一种运输工具上卸下再装上另一种运输工具的行为。

案例 7-2　分批装运

【案情】

我国某出口公司与欧洲某客户签订合同一份，货物为 40000 只打火机，总价值为 4 万欧元（European Dollar，代码为 EUR），允许分批装运。运输方式：海运。支付方式：信用证。收到的信用证也显示"Partial Shipment：Allowed"，但收到信用证后不久，我方收到客户发来的传真，传真显示对方急需其中 10000 只打火机，并要求我方改用空运方式提前装运，并提出这部分货款用电汇（Telegraph Transfer，T/T）方式在发货前汇至我方。遇到此类问题该怎么办？

【分析】

（1）我公司可在收到 T/T 汇来的款项后，立即空运 10000 只打火机；然后，在装运有效期前再用海运运出剩余的 30000 只打火机，随后递交全套单据要求信用证下的银行付款，信用证下的单据上的数量与金额分别为 30000 只与 3 万欧元。

（2）之所以可以采用此做法，其依据在于：第一，该批业务所签合同及开来的信用证均规定，允许分批装运；第二，根据信用证国际惯例《跟单信用证统一惯例》（2007 年修订本，国际商会第 600 号出版物）的规定，信用证的开证行对相符交单承担付款责任。因此只有将来我方能按期装运剩余的 30000 只打火机，并提交符合信用证规定的单据，银行才会履行付款义务，因为在银行看来，信用证中 40000 只打火机中的 10000 只被分批到下次装运了；而将来如果银行见不到这 10000 只打火机的变货单据，他既不需承担付款责任，也不会，当然也没有理由主动提出要求卖方交货。

【启示】

案例启示我们，如果在信用证支付方式下，客户要取消部分订单数量，出口商也可采取本案中类似方法进行处理，只要能提交与信用证相符的单据即可。但需注意，如果信用证规定"不允许分批装运"（Partial Shipment：Not Allowed）或我方未充分利用"允许分批装运"条款，为解决上述问题，我方只得要求客户修改信用证，从而给进出口双方带来不必要的银行费用和麻烦。

四、装运通知

装运通知（Shipping Advice）是在采用租船运输大宗进出口货物的情况下，在合同中加以约定的条款。规定这个条款的目的在于明确买卖双方的责任，促使买卖双方互相合作，共同做好船货衔接工作。

五、装卸时间、装卸率与滞期、速遣条款

（一）装卸时间

装卸时间是指允许完成装卸任务所约定的时间，它一般以天数或小时数来表示。

（二）装卸率

所谓装卸率，即指每日装卸货物的数量。装卸率的具体确定，一般应按照习惯的正常装卸速度，掌握实事求是的原则。装卸率的高低，关系到完成装卸任务的时间和运费水平，装卸率规定过高或过低都不合适。规定过高，完不成装卸任务，要承担滞期费（Demurrage）的损失；规定过低，虽能提前完成装卸任务，可得到船方的速遣费（Dispatch Money），但船方会因装卸率低，船舶在港口停靠时间长而增加运费，致使租船人得不偿失。因此，装卸率的规定应适当。

（三）滞期费和速遣费

如果在约定的允许装卸时间内未能将货物装卸完，致使船舶在港内停泊时间延长，给船方造成经济损失，则延迟期间的损失，应按约定每天若干金额补偿给船方，这项补偿金叫滞期费。反之，如按约定的装卸时间和装卸率，提前完成装卸任务，使船方节省了船舶在港的费用开支，船方将其获取的利益的一部分给租船人作为奖励，奖励的这部分叫速遣费。

本章小结

当前国际上的运输方式主要分为海洋运输、铁路运输、航空运输、公路运输、邮包运输和国际多式联运等。它们分别有以下特点：按船经营方式的不同，可将海运分为班轮运输和租船运输；我国对外贸易货物的铁路运输可分为国际铁路货物联运及对港澳铁路运输两种；航空运输方式主要有班机运输、包机运输、集中托运和航空快递业务；公路运输适于近距离运输；邮包运输主要是门到门式的快递类服务；国际多式联运是把海、陆、空各种传统的单一运输方式有机地结合起来，组成一种国际间的连贯运输。

运输就会产生相关的运输单据，海运提单是贸易中比较常见的一种提单，他是物权凭证，他可以按是否已装船、按抬头及是否有不良批注这些标准划分为不同类型的提单。除此之外，还有直达提单、转船提单、多式联运提单等各种提单。

合同装运条款的内容及其具体订立与合同的性质和运输方式有着密切的关系。我国进出口合同大部分是 FOB、CIF 和 CFR 合同，且大部分货物通过海洋运输。海运时，合同的装运条款应包括装运时间、装运港、目的港、是否允许转船与分批装运、装运通知，以及滞期、速遣条款等内容。

【课后思考】

1. 某公司出口一批货物，FOB 货值为 80000 美元。查运价表知从价费率为 2%，另征燃油附加费 20%。求该批货物的运费。
2. 班轮运输有什么特点？
3. 构成多式联运应具备的条件是什么？
4. 海运提单的种类有哪些？
5. 何为分批装运？

第八章 国际货物运输保险

【学习目标】

1. 了解国际货物运输保险的主要类型。
2. 掌握海运货物运输保险公司保障的责任范围。
3. 掌握中国保险条款中海运货物保险基本险别下保险公司的责任范围与责任起讫。
4. 掌握海运货物保险的基本程序、保险金额与保险费的计算。
5. 掌握保险条款的主要内容与规定方法。

国际货物运输保险是以国际贸易货物运输过程中的各种货物作为保险标的的保险。在国际保险业务中,英国是历史最悠久和最发达的国家,英国伦敦保险协会(Institute of London Underwriters,ILU)成立于1984年,其所制定的"协会货物条款"(Institute Cargo Clause,ICC)对世界各国影响深刻。20世纪80年代初期,当时的中国人民保险公司参照ICC条款及保险业相关国际惯例制定了中国人民保险公司国际货物运输保险条款,简称"中国保险条款"(China Insurance Clause,CIC)。虽然ICC影响更深,但在我国进出口贸易业务中,进出口商在进行国际货物运输保险时,主要依据CIC,因此了解和掌握其内容,对指导我国进出口商更好地利用货运保险降低贸易风险,具有重要意义。

中国保险条款按其保险标的运输方式的不同相应分为海洋运输货物保险、陆上运输货物保险、航空运输货物保险及邮包运输货物保险四种。有时一批货物的运输全过程使用两种或两种以上的运输工具,这时,一般以货运全过程中主要的运输方式来确定保险种类。

第一节　保险当事人与保险基本原则

一、保险当事人

保险当事人分为以下四种：

（一）保险人

保险人（Insurer）是指从事保险行业的公司，即保险公司（Insurane Companies）或保险业者（Underwriter）。保险人负责提供保险合同，承诺在事故发生时，依约负担赔偿。保险人在保险合同成立时有权收取保险费。

（二）投保人

投保人（Applicant）是指对保险标的物具有保险利益，向保险人申请订立保险合同的人。投保人在保险合同成立时有支付保险费的义务。

（三）被保险人

被保险人（The Insured）是指在保险事故发生时，对所遭受的损害享有赔偿请求权的人。被保险人与投保人可以是同一人。

（四）受益人

受益人（Beneficiary）是指投保人或被保险人所约定享有赔偿请求权的人，亦即保险金受领人。被保险人和投保人均可成为受益人。

二、保险基本原则

保险基本原则包括以下几点：

（一）可保利益原则

保险人所承保的标的是保险所要保障的对象，但被保险人（投保人）投保的并不是保险标的本身而是被保险人对保险标的所具有的利益，这一利益被称作可保利益（Insurable Interest）或保险利益。投保人对保险标的不具有保险利益的，保险合同无效。对此,英国伦敦保险协会制订的"协会货物条款"第11条第(1)款中明确规定了"可保利益条款",指出"在发生损失时,被保险人必须对保险标的物具有可保利益,才能获得本保险单项下的赔偿。"

与其他保险一样,国际货运保险的被保险人需对保险标的具有保险利益。这个保险利益,在国际货运中,体现在对保险标的的所有权和所承担的风险责任。在FOB及CFR价格术语下,货物在装运港装上船后风险由买方承担。一旦货物发生损失,买方利益将因此而受损,故买方具有保险利益。由买方作为被保险人向保险公司投保,保险合同只在装运港装上船后才生效。货物在装运港装上船以前,买方不具有保险利益,因此不属于保险人对买方所投保险的承保范围。以CIF和CIP方式达成的交易,投保是卖方的合同义务,卖方拥有货物所有权,因而具有保险利益。

(二)最大诚信原则

最大诚信(Utmost Good Faith)是指当事人真诚地向对方充分而准确地告知有关保险的所有重要事实,不允许存在任何虚伪、欺瞒、隐瞒行为。具体而言,最大诚信原则要求保险合同当事人在订立合同时及在合同有效期内,应依法向对方提供足以影响对方做出订约与履约决定的全部实质性重要事实,同时绝对信守合同订立时的约定与承诺。

(三)近因原则

近因(Proximate Cause)是指在风险和损失之间,导致损失的最直接、最有效、起决定作用的原因,而不是指在时间上或空间上最接近的原因。近因原则是指在风险与保险标的损失关系中,如果近因属于被保风险,保险人应负赔偿责任;如果近因属于除外风险或未保风险,则保险人不负赔偿责任。

(四)损失补偿原则

损失补偿(Indemnity)原则是指保险合同生效之后,当保险标的发生保险公司责任范围内的损失时,通过保险赔偿,使被保险人恢复到受灾前的经济原状,但不能因损失而获得额外收益。

(五)代位追偿原则

代位追偿(Subrogation)是指当保险标的发生了保险责任范围内的由第三方责任造成的损失时,保险人向被保险人履行了损失赔偿责任后,有权在其已赔付的全部限度内取得被保险人在该项损失中向第三责任方要求索赔的权利,保险人取得该权利后,即可站在被保险人的地位上向责任方进行追偿。

(六)重复保险分摊原则

重复保险(Double Insurance),又称"多重保险",是指投保人对同一标的、同一保险利益、同一保险事故分别向两个以上保险人订立保险合同，且总的保险金额超过了法律所允许的赔偿金额的保险。在重复保险时，当发生保险事故，对于保险标的所受损失，由各保险人分摊，这便是重复保险分摊原则。该原则的目的在于防止被保险人因重复保险而获得额外利益。

第二节 海洋运输货物保险承保范围

一、保障的风险

风险是造成损失的原因。根据中国人民保险公司 1981 年 1 月 1 日修订的"海洋运输货物保险条款"的规定,海上保险保障的风险主要分为两类:一类是海上风险;一类是外来风险。

(一) 海上风险

海上风险(Perils of the Sea)包括自然灾害和意外事故。

1. 自然灾害

自然灾害(Natural Calamities)是指由于自然界的变化产生的破坏力量所造成的灾害。如被保险货物在运输途中遭遇恶劣气候、雷电、海啸、地震、洪水等造成的损失,而非一般自然力所造成的灾害。

2. 意外事故

海上意外事故不同于一般的意外事故(Accidents),它是指由于不能预料的原因或者说由于不可抗力的原因造成的事故。例如,船舶搁浅、触礁、沉没、互撞、与流冰或其他物体碰撞、火灾、爆炸等造成货物的损失。

(二) 外来风险

外来风险(Extraneous Risks)是指海上风险以外的各种风险,分为一般外来风险和特殊外来风险。

一般外来风险是指偷窃、破碎、渗漏、玷污、受潮受热、串味、生锈、钩损、短量、淡水雨淋等。

特殊外来风险主要是指由于军事、政治及行政法令等原因造成的风险,如战争、罢工、交货不到、拒收等。

二、损失

海上货物运输的损失又称海损(Average),指货物在海运过程中由于海上风险而造成的损失,海损也包括与海运相连的陆运和内河运输过程中的货物损失。

海上损失按损失的程度可以分成全部损失和部分损失。

(一) 全部损失

全部损失又称全损,指被保险货物全部遭受损失,有实际全损(Actual Total Loss)和推定全损(Constructive Total Loss)之分。实际全损是指货物全部灭失或全部变质而不再有任何商业价值。推定全损是指货物遭受风险后受损,尽管未达实际全损的程度,但实际全损已不可避免,或者为避免实际全损所支付的费用和继续将货物运抵目的地的费用之和超过了保险价值。推定全损需经保险人核查后认定。

(二) 部分损失

不属于实际全损和推定全损的损失为部分损失,按照造成损失的原因可分为共同海损(General Average)和单独海损(Paticular Average)。

在海洋运输途中,船舶、货物或其他财产遭遇共同危险时,为解除共同危险,有意采取合理的救难措施所直接造成的特殊牺牲和支付的特殊费用,称为共同海损。

共同海损的成立,一般应具备以下几个条件:

(1) 必须确实存在危及货、船等共同安全的风险。

(2) 共同海损牺牲必须是自愿的和有意识的行动所造成的。

(3) 共同海损牺牲和费用的支出必须是合理的。

(4) 共同海损措施必须最终有效。

在船舶发生共同海损后,凡属共同海损范围内的牺牲和费用,均可通过共同海损清算,由有关获救受益方(即船方、货方和运费收入方)根据获救价值按比例分摊,然后再向各自的保险人索赔。共同海损分摊涉及的因素比较复杂,一般均由专门的海损理算机构进行理算(Adjustment)。

不具有共同海损性质,且未达到全损程度的损失,称为单独海损。该损失仅涉及船舶或货物所有人单方面的利益损失。

按照保险条例,不论担保何种险种,由于海上风险而造成的全部损失和共同海损均属保险人的承保范围。对于推定全损的情况,由于货物并未全部灭失,被保险人可以选择按全部或按部分损失索赔。倘若按全损处理,则被保险人应向保险人提交"委付通知(Notice of Abandonment)",将残余标的物的所有权交付保险人,经保险人接受后,可按全损得到赔偿。

对于外来风险引起的损失是指除海上风险以外的其他风险所造成的损失,这类损失,不按损失的程度区分,而是按造成损失的原因分类,分成一般外来风险所造成的损失和特殊外来风险所造成的损失。

三、费用

海上风险还会造成费用支出，主要有施救费用（Sue and Labor Expenses）和救助费用（Salvage Charges）。所谓施救费用是指被保险货物在遭受承保责任范围内的灾害事故时，被保险人或其代理人或保险单受让人，为了避免或减少损失，采取各种措施而支出的合理费用。所谓救助费用是指保险人或被保险人以外的第三者采取了有效的救助措施之后，由被救方付给的报酬。

保险人对上述费用都负责赔偿，但以总和不超过保险金额为限。

第三节 我国海洋运输货物保险的险别

按照我国保险条款的规定，海运货物保险分为基本险及附加险两类，其中基本险可单独投保，而附加险需在投保平安险、水渍险等基本险的基础之上才能加保。

一、基本险

海运货物保险的基本险包括平安险（F. P. A）、水渍险（W. P. A 或 W. A.）和一切险（All Risks）。

（一）基本险的责任范围

1. 平安险

平安险（Free From Particular Average，F. P. A.）这一名称在我国保险行业中沿用甚久，英文原意是指"单独海损不负责赔偿"。但从实践看，无论是其中文名所指的"平安险"还是英文意义所指的"单独海损不负责赔偿"，二者均无法准确表达该险别下保险公司的责任范围。中国保险条款实行的是列举法，在该险别下，保险公司的责任范围为以下几点：

（1）在运输过程中，由于自然灾害造成被保险货物的实际全损或推定全损。

（2）由于运输工具遭遇搁浅、触礁、沉没、碰撞、与流冰或其他物体碰撞以及失火、爆炸等意外事故造成的被保险货物的全部或部分损失。

（3）只要运输工具曾经发生搁浅、触礁、沉没、焚毁等意外事故，不论这意外事故发生之前或以后曾在海上遭遇恶劣气候、雷电、海啸等自然灾害造成的被保险货物的部分损失。

（4）在装卸、转船过程中，被保险货物一件或数件整件货物落海所造成的全部损失或部分损失。

（5）被保险人对遭受承保责任内危险的货物采取抢救、防止或减少货损措施而支付的费用，但以不超过该批被救货物的保险金额为限。

（6）运输工具遭遇自然灾害或者意外事故，需要在中途的港口或者在避难港口停靠，因而引起的卸货、装货、存仓以及运送货物所产生的特别费用。

（7）共同海损的牺牲、分摊和救助费用。

（8）运输契约订有"船舶互撞责任"条款，按该条款规定应由货方偿还船方的损失。

2. 水渍险

水渍险（With Particular Average，W. P. A. 或 W. A.）的责任范围除了包括上列"平安险"的各项责任外，还负责被保险货物由于恶劣气候、雷电、海啸、地震、洪水等自然灾害所造成的部分损失。

3. 一切险

一切险（All Risks）的责任范围除包括上列"平安险"和"水渍险"的所有责任外，还包括货物在运输过程中，因各种外来原因造成的保险货物的损失。不论全损或部分损失，除对某些运输途中消耗的货物，经保险公司与被保险人双方约定在保险单上载明的免赔率外，保险公司都给予赔偿。

上述三种险别都属于海运货物保险的基本险，按规则被保险人可从中选择一种投保。

此外，投保人可要求扩展保险期，如对某些内陆国家出口货物，若在港口卸货转运内陆，无法在保险条款规定的保险期内到达目的地，即可申请扩展。经保险公司出立凭证予以延长，每日加收一定保险费。

平安险 + 自然灾害造成的损失 = 水渍险

水渍险 + 外来原因造成的损失 = 一切险

（二）保险公司的责任起讫

由于运输险的特点，保险业务中对基本险下保险公司的责任起讫不规定具体的日期，而是采用"仓至仓"（Warehouse to Warehouse，W/W）条款不：

保险人对被保险货物所承担的保险责任，从被保险货物运离保险单所载明的发货人仓库或储存处所开始生效，在正常运输过程中（包括海上、陆上、内河和驳船运输在内）继续有效，直至该项货物到达保险单所载明的目的地收货人的最后仓库或储存处所或被保险人用作分配、分派或非正常运输的其他储存处所为止，以先发生者为准；如未抵达上述仓库或储存场所，则以被保险货物在最后卸载港全部卸离海轮后满 60 天为止；如在上述 60 天内被保险货物需转运到非保险单所载明的目的地时，则以该项货物开始转运时终止。

（三）除外责任

除外责任（Exclusion）是指保险公司明确规定不予承保的损失或费用。

为分清货物在海上运输过程中的各关系人,即保险人、被保险人、发货人、收货人、承运人等对损失的责任,使保险人的赔偿责任更为明确,《海洋运输货物保险条款》中还规定了保险人的除外责任,即保险人不负赔偿责任的范围,主要包括以下五项:

(1) 被保险人的故意行为或过失所造成的损失。

(2) 属于发货人责任所引起的损失。

(3) 在保险责任开始前,被保险货物已存在的品质不良和数量短少所造成的损失或费用。

(4) 被保险货物的自然损耗、本质缺陷、特性以及市价跌落、运输延迟所造成的损失和费用。

(5) 战争险和罢工险条款规定的责任范围和除外责任。

二、附加险

附加险是对基本险的补充和扩大,投保人只能在投保一种基本险的基础上才可加保一种或几种附加险。附加险有一般附加险、特别附加险和特殊附加险三类。

(一) 一般附加险

1. 偷窃、提货不着险

偷窃、提货不着险(Theft, pilferage and Non–delivery Risk, T. P. N. D.)承保的是保险有效期内,保险货物被偷走或窃走,以及货物运抵目的地以后,整件未交的损失。

2. 淡水雨淋险

淡水雨淋险(Fesh Water and/or Rain Damage, F. W. R. D.)承保的是货物在运输中,由于淡水、雨水以及雪融水所造成的损失。淡水包括船上淡水舱、水管漏水等。

3. 短量险

短量险(Risk of Shortage)承保的是被保险货物数量短少和重量的损失。通常包装货物的短少,保险公司必须要查清外包装是否发生异常现象,如破口、破袋、扯缝等,如属散装货物,以装船和卸船重量之间的差额作为计算短量的依据。

4. 渗漏险

渗漏险(Risk of Leakage)承保的是流质、半流质的液体物质和油类物质,在运输过程中因为容器损坏而引起的渗漏损失。

5. 混杂、沾污险

混杂、沾污险(Risk of Intermixture and Contamination)承保的是保险货物在运输过程中,混进了杂质所造成的损失。如矿石等混进了泥土、草屑等而使质量受到影响。此外被保险货物因为和其他物质接触而被沾污,如布匹、纸张、食物、服装等被油类或带色的物质污染而引起的经济损失。

6. 碰损、破碎险

碰损、破碎险（Risk of Clash and Breakage）：碰损险主要是对金属、木质等货物来说的，破碎险则主要是对易碎性物质来说的。前者承保的是在运输途中，因为受到震动、颠簸、挤压而造成的货物本身的损失；后者是在运输途中由于装卸野蛮、粗鲁、运输工具的颠震而造成的货物本身的破裂、断碎的损失。

7. 串味险

串味险（Risk of Odor）承保的是如茶叶、香料、药材等在运输途中受到一起堆储的牛皮、樟脑等异味的影响而遭受的品质的损失。

8. 受潮受热险

受潮受热险（Damage Caused by Sweating & Heating）承保的是如船舶在航行途中，由于气温骤变，或者因为船上通风设备失灵等使舱内水汽凝结、发潮、发热引起的货物的损失。

9. 锈损险

锈损险（Risk of Rust）承保的是保险货物在运输过程中因为生锈造成的损失。不过这种生锈必须在保险期内发生，如原装时就已生锈，保险公司不负责任。

10. 钩损险

钩损险（Hook Damage）承保的是保险货物在装卸过程中因为使用手钩、吊钩等工具所造成的损失，如粮食包装袋因吊钩钩坏而造成粮食外漏所造成的损失，保险公司在承保该险的情形下，应予赔偿。

11. 包装破裂险

包装破裂险（Breakage of Packing）承保的是因为包装破裂而造成的物资短少、沾污等损失。此外，对于因保险货物运输过程中续运安全需要而产生的候补包装、调换包装所支付的费用，保险公司也应负责赔偿。

上述十一种附加险，不能独立承保，它们必须附属于基本险，即只有在投保了基本险别之后，投保人才允许投保附加险。投保"一切险"后，上述险别均包括在内，因此，投保一切险后无需再投保一般附加险。

（二）特别附加险

特别附加险也属附加险，但不属于一切险的范围之内，目前中国保险条款承保的特别附加险别有六种。

1. 进口关税险

进口关税险（Import Duty Risk）承保的是被保险货物受损后，仍需在目的港按完好货物缴纳进口关税而造成相应货损部分的关税损失。但保险人对此承担赔偿责任的前提是货物遭受的损失必须是保险单承保责任范围内的原因造成的。

2. 舱面险

舱面险（On Deck Risk）承保的是装载于舱面（船舶甲板上）的货物被抛弃或海浪冲击落水所致的损失。一般而言，保险人确定货物运输保险的责任范围和厘定保险费时，是以舱内装载运输为基础的。但有些货物因体积大或有毒性或有污染性或根据航运习惯必须装载于舱面，为对这类货物的损失提供保险保障，可以加保舱面货物险。

加保该附加险后，保险人除了按基本险责任范围承担保险责任外，还要依舱面货物险对舱面货物被抛弃或风浪冲击落水的损失予以赔偿。由于舱面货物处于暴露状态，易受损害，所以保险人通常只是在"平安险"的基础上加保舱面货物险，以免责任过大。

3. 黄曲霉素险

黄曲霉素险（Aflatoxin Risk）承保的是被保险货物（主要是花生、豆类等易产生黄曲霉素的货物）在进口港或进口地经卫生当局检验证明，其所含黄曲霉素超过进口国限制标准，而被拒绝进口、没收或强制改变用途所造成的损失。按该险条款规定，经保险人要求，被保险人有责任处理被拒绝进口或强制改变用途的货物或者申请仲裁。

4. 拒收险

当被保险货物由于各种原因，在进口港被进口国政府或有关当局拒绝进口或没收而产生损失时，保险人依拒收险（Rejection Risk）对此承担赔偿责任。但是，投保拒收险的条件是被保险人在投保时必须持有进口所需的一切手续（特许证或许可证或进口限额）。如果被保险货物在起运后至抵达进口港之前的期间内，进口国宣布禁运或禁止进口的，保险人只负责赔偿将该货物运回出口国或转口到其他目的地所增加的运费，且以该货物的保险金额为限。

同时，拒收险条款还规定，被保险人所投保的货物在生产、质量、包装、商品检验等方面必须符合产地国和进口国的有关规定。如果因被保险货物的记载错误、商标或生产标志错误、贸易合同或其他文件存在错误或遗漏、违反产地国政府或有关当局关于出口货物规定而引起的损失，保险人概不承担保险责任。

5. 交货不到险

交货不到险（Failure to Deliver Risk）承保的是自被保险货物装上船舶时开始，在6个月内不能运到原定目的地交货而造成的损失。不论何种原因造成交货不到，保险人都按全部损失予以赔偿，但被保险人应将货物的全部权益转移给保险人，因为造成交货不到的原因并非运输上的，而是某些政治原因（如被另一国在中途港强迫卸货等），故被保险人在投保该险别时需获得进口货物所有的许可手续，否则投保该险无效。同时，由于该附加险与提货不着险和战争险所承保责任范围有重叠之处，故保险公司在条款中规定，提货不着险和战争险项下所承担的责任，不在交货不到险的保险责任范围之内。

（三）特殊附加险

特殊附加险主要有以下两种：

1. 海上货物运输战争险

海上货物运输战争险（War Risk）是特殊附加验的主要险别之一，是保险人承保战争或类似战争行为导致的货物损失的特殊附加险。被保险人必须投保货运基本险之后，才能经特别约定投保战争险。战争险的承保责任范围包括：

（1）直接由于战争、类似战争行为、敌对行为、武装冲突或海盗行为等所造成的运输货物的损失。

（2）由于上述原因所引起的捕获、拘留、扣留、禁制、扣押等所造成的运输货物的损失。

（3）各种常规武器（水雷、炸弹等）所造成的运输货物的损失。

（4）由本险责任范围所引起的共同海损牺牲、分摊和救助费用。但由于敌对行为使用原子或热核制造的武器导致被保险货物的损失和费用不负责赔偿；或根据执政者、当权者，或其他武装集团的扣押、拘留引起的承保航程的丧失和挫折而提出的任何索赔不负责赔偿。

战争险的责任起讫采用"水面险"条款，即以"水上危险"为限，它是指保险人的承保责任自货物装上保险单所载明的启运港的海轮或驳船开始，到卸离保险单所载明的目的港的海轮或驳船为止。如果货物不卸离海轮或驳船，则从海轮到达目的港当日午夜起算满 15 日之后责任自行终止；如果中途转船，不论货物在当地卸货与否，保险责任以海轮到达该港可卸货地点的当日午夜起算满 15 天为止，等再装上续运海轮时，保险责任才继续有效。

2. 海上货物运输罢工险

海上货物运输罢工险（Strike Risk）是保险人承保被保险货物因罢工等人为活动造成损失的特殊附加险。罢工险的保险责任范围包括以下几个方面：

（1）罢工者、被迫停工工人或参加工潮暴动、民众斗争的人员的行动所造成的直接损失，恐怖主义者或出于政治目的而采取行动的人所造成的损失。

（2）任何人的敌意行动所造成的直接损失。

（3）因上述行动或行为引起的共同海损的牺牲、分摊和救助费用。海洋运输货物罢工险将罢工引起的间接损失作为除外责任，即在罢工期间由于劳动力短缺或不能运输所致被保险货物的损失，或因罢工引起动力或燃料缺乏使冷藏机停止工作所致冷藏货物的损失。

罢工险的责任起讫与基本险相同，也选择"仓至仓"条款。需要注意的是，罢工险与战争险关系密切，按国际海上保险市场的习惯，如投保了战争险，再加保罢工险时一般不再加收保险费；如仅要求加保罢工险，则按战争险费率收费。故业务中，一般被保险人在投保战争险的同时，习惯加保罢工险。

三、海洋运输货物专门保险

针对海运货物的某些特性，保险业务中还有承保其特性的专门险别，这些专门险也属于基本险的性质，可以单独投保。我国的两种海运货物专门险是海洋运输冷藏货物保险（Ocean Marine Insurance for Frozen Products）和海洋运输散装桐油保险（Ocean Marine Insurance for Woodoil in Bulk）。

第四节 我国陆运、空运与邮运货物保险险别

一、陆上运输货物保险

陆上运输货物保险（Overland transportation Cargo Insurance）是货物运输保险的一种，分为陆运险和陆运一切险。

（一）陆运险的责任范围

陆运险负责赔偿被保险货物在运输途中遭受暴风、雷电、地震、洪水等自然灾害，或由于陆上运输工具（主要是指火车、汽车）遭受碰撞、倾覆或出轨，或在驳运过程中因驳运工具遭受搁浅、触礁、沉没、碰撞，或由于遭受隧道坍塌、崖崩或火灾、爆炸等意外事故所造成的全部损失或部分损失。保险公司对陆运险的承保范围大致相当于海运险中的"水渍险"。

（二）陆运一切险的责任范围

除包括上述陆运险的责任外，保险公司对被保险货物在运输途中由于外来原因造成的短量、偷窃、渗漏、碰损、破碎、钩损、雨淋、生锈、受潮、受热、发霉、串味、沾污等全部或部分损失，也负赔偿责任。

（三）陆上运输货物保险的除外责任

陆上运输货物保险的除外责任主要包括：

被保险人的故意行为或过失所造成的损失；属于发货人所负责任或被保险货物的自然消耗所引起的损失；由于战争、工人罢工或运输延迟所造成的损失。

陆上运输货物保险的责任起讫期限与海洋运输货物保险的仓至仓条款基本相同，是从被保险货物运离保险单所载明的起运地发货人的仓库或储存处所开始运输时生效。包括正常陆运和有关水上驳运在内，直至该项货物送交保险单所载明的目的地收货人仓库或储存处所，或被保险人用作分配、分派或非正常运输的其他储存处所为止。但如未运抵上述仓库或储存处所，则以被保险货物到达最后卸载的车站后，保险责任以

60 天为限。不过，在陆上运输货物保险中，被保险货物除投保陆运险和陆运一切险外，经过协商还可加保陆上运输货物保险的附加险，如陆运战争险等。陆运战争险与海运战争险，由于运输工具有其本身的特点，具体责任有一些差别，但就战争险的共同承保责任范围而言，基本一致。即对直接由于战争、类似战争行为以及武装冲突所导致的，如货物由于捕获、扣留、禁制和扣押等行为引起的损失应负责赔偿。

二、航空运输货物保险

保险公司承保通过航空运输的货物，保险责任是以飞机作为主体来加以规定的。航空运输货物保险（Air Transportation Cargo Insurance）分为航空运输险和航空运输一切险两种。

（一）航空运输险的责任范围

航空运输险的承保责任范围与海运货物保险条款中的"水渍险"基本相同，在此险别下，保险公司负责赔偿被保险货物在运输途中遭受雷电、火灾、爆炸，或由于飞机遭受恶劣气候或其他危难事故而被抛弃，或由于飞机遭受碰撞、倾覆、坠落或失踪等自然灾害和意外事故所造成的全部或部分损失。被保险人对遭受承保责任内危险的货物采取抢救、防止或减少货损的措施而支付的合理费用，也由保险公司支付，但以不超过该批被救货物的保险金额为限。

（二）航空运输一切险的责任范围

航空运输一切险除包括上述航空运输的责任外，对被保险货物在运输中由于外来原因造成的包括偷窃、短少等全部或部分损失也负赔偿责任。

（三）航空运输货物保险的除外责任

在航空运输货物保险的情况下，除外责任与前节所述的海洋运输货物保险除外责任相同。

航空运输货物保险的责任起讫期限从被保险货物运离保险单所载明起运地仓库或储存处所开始运输时生效。在正常运输过程中继续有效，直至该项货物抵运保险单所载明目的地交到收货人仓库或储存处保险人用作分配、分派或非正常运输的其他储存处所为止。如保险货物到达上述仓库或储存处所，则以被保险货物在最后卸货地卸离飞机后 30 天为止。与上述陆上运输货物保险一样，被保险货物在投保航空运输险和航空运输一切险后，还可经协商加保航空运输货物战争险等附加险。

三、邮包运输货物保险

邮包保险承保通过邮政局邮包寄递的货物在邮递过程中发生保险事故所致的损失。以邮包方式将货物发送到目的地可能通过海运，也可能通过陆上或航空运输，或经过两种或两种以上的运输工具运送。不论通过何种运送工具，凡是以邮包方式将贸易货物运达目的地的保险均属邮包保险（Parcel Post Insurance）。邮包运输货物保险按其保险责任分为邮包险（Parcel Post Risks）和邮包一切险（Parcel Post All Risks）两种。前者与海洋运输货物保险水渍险的责任相似，后者与海洋运输货物保险一切险的责任基本相同。

（一）邮包险的责任范围

邮包险的责任范围为以下几点：

（1）被保险邮包在运输途中由于恶劣气候、雷电、海啸、地震、洪水等自然灾害或由于运输工具遭受搁浅、触礁、沉没、碰撞、倾覆、出轨、坠落、失踪，或由于失火、爆炸等意外事故所造成的全部或部分损失。

（2）被保险人对遭受承保责任内危险的货物采取抢救、防止或减少货损的措施而支付的合理费用，但以不超过该批被救货物的保险金额为限。

（二）邮包一切险的责任范围

邮包一切险的责任，除上述邮包险的各项责任外，还负责被保险邮包在运输途中由于外来原因所致的全部或部分损失。

（三）邮包运输货物保险的除外责任

邮包运输货物保险的除外责任和被保险人的义务与海洋运输货物保险相比较，其实质是相同的。

邮包运输货物保险的责任起讫期限为自被保险邮包离开保险单所载起运地点寄件人的处所运往邮局时开始生效，直至该项邮包运达本保险单所载目的地邮局，自邮局签发到货通知书当日午夜起算满15天终止。但是在此期限内邮包一经交至收件人的处所时，保险责任即行终止。

第五节 伦敦保险业协会海运货物保险条款

在国际保险市场上,各国保险组织都制定有自己的保险条款。但最为普遍采用的是英国伦敦保险业协会所制订的《协会货物条款》。我国企业按 CIF 或 CIP 条件出口时,一般按"中国保险条款"投保,但如国外客户要求按《协会货物条款》投保,一般可予接受。

一、《协会货物条款》简介

《协会货物条款》(Institute Cargo Clause,ICC)的现行规定于 1982 年 1 月 1 日修订,公布六种险别,它们分别为:

(1) 协会货物条款(A)[ICC(A)];

(2) 协会货物条款(B)[ICC(B)];

(3) 协会货物条款(C)[ICC(C)];

(4) 协会战争险条款(货物)(IWCC);

(5) 协会罢工险条款(货物)(ISCC);

(6) 恶意损害险(Malicious Damage Clause)。

以上六种险别中,ICC(A)险相当于中国保险条款中的一切险,其责任范围最为广泛,故采用承保"除外责任"之外的一切风险的方式表明其承保范围;ICC(B)险大体上相当于水渍险;ICC(C)险相当于平安险,但承保范围较小。ICC(B)险和 ICC(C)险都采用列明风险的方式表示其承保范围。六种险别中,只有恶意损害险属于附加险别,不能单独投保,其他五种险别的结构相同,体系完整。因此,除 ICC(A)、ICC(B)及 ICC(C)三种险别可单独投保外,必要时,战争险和罢工险在征得保险公司同意后,也可作为独立的险别进行投保。

二、ICC 主要条款下保险公司的责任范围与除外责任

(一)ICC(A)险的责任范围及除外责任

1. ICC(A)险的责任范围

根据伦敦保险协会对新条款的规定，ICC（A）采用"一切风险减除外责任"的办法，即除了"除外责任"项下所列风险保险人不予负责外，其他风险均予负责。

2. ICC（A）险的除外责任

ICC（A）的除外责任分列为四类。

（1）一般除外责任条款（Exclusions）。ICC规定，在ICC（A）险下，保险公司在以下任何情况下不负赔偿的责任：

①被保险人故意行为所造成的损失和费用。

②保险标的的自然渗漏，重量或容量的自然损耗，或自然磨损。

③由于保险标的包装或准备不足或不当造成的损失或费用（本条所称的"包装"，包括用集装箱或大型海运箱装载的，但该项装载以本保险开始生效前或由被保险人或其受雇人完成的为限）。

④由于保险标的本质缺陷或特性造成的损失和费用。

⑤直接由延迟引起的损失或费用，即使延迟是由承保风险所引起（上述第2条可以赔付的费用除外）。

⑥由于船舶所有人、经理人、租船人或经营人破产或不履行债务造成的损失或费用。

⑦由于使用任何原子或核子裂变和（或）聚变或其他类似反应或放射性作用或放射性物质的战争武器造成的损失或费用。

（2）不适航和不适货除外责任条款（Unseaworthiness and Unfitness Exclusion Clause）。本保险在任何情况下不负担下列原因引起的损失和费用：

①船舶或驳船不适航。

②船舶、运输工具、集装箱或大型海运箱不适宜安全运载保险标的。如果保险标的在装载时，被保险人或其受雇人知道这种不适航和不适当的情况。

（3）战争除外责任条款（War Exclusion Clause）。ICC（A）在任何情况下不负担下列原因造成的损失和费用：

①战争、内战、革命、叛乱、造反或由此引起的内乱，或交战国或针对交战国的任何敌对行为。

②捕获、拘留、扣留、禁制、扣押（海盗行为除外）以及这种行动的后果或这方面的企图。

③遗弃的水雷、鱼雷、炸弹或其他遗弃的战争武器。

（4）罢工除外责任条款（Strikes Exclusion Clause）。ICC（A）在任何情况下不负担下列原因造成的损失和费用：

①罢工者、被迫停工工人或参与工潮、暴动或民变人员。

②罢工、被迫停工、工潮、暴动或民变。

③任何恐怖主义者或者任何人出于政治目的采取的行动。

(二) ICC (B) 险的责任范围和除外责任

1. ICC (B) 险的责任范围

ICC (B) 和 ICC (C) 两种险均采用"列明风险"的方法，即在条款的首部开宗明义地把保险人所承保的风险一一列出。

ICC (B) 规定，如保险标的损失合理归因于以下原因，保险公司将承担赔偿责任。

（1）火灾或爆炸。

（2）船舶或驳船遭受搁浅、触礁、沉没或倾覆。

（3）陆上运输工具的倾覆或出轨。

（4）船舶、驳船或其他运输工具同除水以外的任何外界物体碰撞或接触。

（5）在避难港卸货。

（6）地震、火山爆发或雷电。

（7）共同海损牺牲。

（8）抛货或浪击落海。

（9）海水、湖水或河水进入船舶、驳船、其他运输工具、集装箱或海运集装箱贮存处所。

（10）货物在船舶或驳船装卸时落海或跌落造成任何整件的全损。

2. ICC (B) 险的除外责任

ICC (B) 与 ICC (A) 险的除外责任基本相同，但有下列两点区别：

（1）ICC (A) 险除对被保险人的故意不法行为造成的损失，费用不负赔偿责任外，对于被保险人之外的任何个人故意损害和破坏标的物或其他任何部分的损失要负赔偿责任。但在 ICC (B) 险下，保险人对此也不负赔偿责任。

（2）ICC (A) 险对海盗行为列入保险范围，ICC (B) 险对海盗行为不负保险责任。

(三) ICC (C) 险的责任范围和除外责任

1. ICC (C) 险的责任范围

ICC (C) 险的责任范围与 ICC (B) 险相比更小，具体而言，ICC (C) 下保险公司的责任范围包括 ICC (B) 中的 （1）、（2）、（3）、（4）、（5）、（7） 及 （8）。

2. ICC (C) 险的除外责任

ICC (C) 险的除外责任与 ICC (B) 险完全相同。

本章小结

本章分别就海洋运输货物保险、陆上运输货物保险、航空运输货物保险以及邮包运输货物保险的承保范围、承保险种等内容做了简要的介绍。国际货物运输保险是国际货物贸易中不可缺少的重要环节，也是国际货物买卖合同条款中一项很重要的内容。由于国际货物运输方式不同，国际货物运输保险相应地分为海洋运输货物保险、陆上运输货物保险、航空运输货物保险和邮包运输货物保险，其中，海洋运输货物保险的发展历史最长，它在整个货物运输保险中所占份额最大，因此，本章重点阐述海洋运输货物保险。

【课后思考】

1. 何谓实际全损？何谓推定全损？请用实例说明。
2. 国际货物运输为什么要加保战争险？中国人民保险公司关于战争险的保险期限是如何规定的？
3. 采用 CIF 条件成交时，按国际惯例，保险金额如何确定？请说出其理由。
4. 买卖合同中的保险条款主要包括哪些内容？规定此条款时应注意什么问题？
5. 简述"仓至仓"条款。

第九章 国际货款的支付

【学习目标】
1. 了解支付工具与支付方式的主要类型。
2. 掌握托收与信用证支付方式的内容、特点与基本支付程序。
3. 能正确理解信用证的内容。
4. 掌握合同中支付条款的内容与规定方法。

国际贸易中,货款的安全、及时收付是关系到买卖双方利益的问题,它在很大程度上决定着买卖关系能否建立及能否进一步发展。因此,买卖双方在交易磋商时,都力争约定对自己有利的支付条件。

国际货物买卖合同中的支付条款的内容主要涉及支付工具、支付方式、支付货币、支付时间与地点等内容,其中最主要的是支付工具和支付方式。

第一节 支付工具

国际贸易结算已发展为非现金结算取代现金结算,即在国际贸易中货款的收付主要以代替现金的各种票据的转让流通来实现。票据（Bills）是出票人自己承诺或委托付款人在指定日期无条件支付一定款项的一种凭证。国际贸易结算中使用最多的票据是汇票,其次还有本票和支票。

一、汇票

（一）汇票的概念

根据英国《票据法》（1882）第3条规定,"汇票（Bill of Exchange or Draft）是一张书面的无条件支付命令,由一人开给另一人,并由发出命令者签名,要求受票人见票或定期或在某一可预定之日期,将一定金额之款项付与规定之人或其指定人或来人。"

日内瓦《统一汇票本票法公约》（Convention on the Unification of the Law Relating to Bills of Ex – change and Promissory Notes）,又称为《1930年关于统一汇票和本票的日内瓦公约》,是关于统一各国汇票和本票的国际公约。该公约由国际联盟在日内瓦召集的第一次票据法统一会议上通过,并于1934年1月1日生效。该公约的第一章第一条即明确规定"汇票应包含下列内容:（1）票据主文中列有'汇票'一词,并以开立票据所使用的文字说明之;（2）无条件支付一定金额的命令;（3）付款人（受票人）的姓名;（4）付款日期的记载;（5）付款地的记载;（6）受款人或其指定人的姓名;（7）开立汇票的日期和地点的记载;（8）开立汇票的人（出票人）的签名。"

以上内容一般为汇票的要项,但并非是汇票的全部内容。各国票据法一般都规定汇票的要项必须齐全,否则,受票人有权拒付。

（二）汇票的种类

汇票可以按照不同的标准分为很多种:

1. 按出票人分

按出票人的不同，可将汇票分为以下两种。

（1）银行汇票（Banker's Draft）。它是指由银行签发的汇票，其出票人和付款人都是银行。

（2）商业汇票（Commercial Draft）。它是由企业或个人签发的汇票，付款人可以是企业、个人，也可以是银行。国际贸易货款的支付多使用商业汇票。

2. 按付款时间分

按此标准，汇票可分为以下两种：

（1）即期汇票（Sight Bill 或 Demand Draft）。它是指在提示或见票时付款人立即付款的汇票。

（2）远期汇票（Time Bill 或 Usance Bill）。它是指在一定期限或特定日期付款的汇票。

远期汇票的付款时间有以下几种规定办法：

①票后若干天付款（At×××days after sight）；

②出票后若干天付款（At×××days after date）；

③提单签发日后若干天付款（At×××days after date of Bill of Lading）；

④指定日期付款（Fixed date）。

3. 按承兑人分

使用远期汇票时，往往会涉及承兑人，即承担到期付款责任的人。按承兑人的不同，可将远期汇票分为以下两种：

（1）银行承兑汇票（Banker's Acceptance Bill）。它是指由企业或个人开立的以银行为付款人并经银行承兑的远期汇票。

（2）商业承兑汇票（Trader's Acceptance Bill）。它是指以企业或个人为付款人并由企业或个人进行承兑的远期汇票。

4. 按是否随附货运单据分

（1）光票汇票（Clean Bill）。它是指不随附货运单据的汇票。银行汇票多为光票。

（2）跟单汇票（Documentary Bill）。它是指附带有货运单据的汇票。商业汇票多为跟单汇票，这在国际贸易实践中最常见。

上述分类是依据不同的标准进行的，但实际上，一张汇票可以同时具备几种特征，如同一张汇票既是跟单汇票，同时又具备商业汇票、即期汇票的性质。

（三）汇票行为

汇票行为是围绕汇票要素发生的，以确立一定权利义务关系为目的的行为。汇票行为一般包括出票、提示、承兑、付款等，汇票如需转让或遭到拒付时，还包括背书、退票、追索、保证等行为。

为使汇票各当事人的权利、义务明了，减少纠纷，票据法中对票据行为都做了详细、严格的规定。

1. 出票

出票（Issuance）是指出票人在汇票上填写付款人、付款金额、付款日期和地点及受款人等项目，经签字后交给收款人的行为。

出票后，出票人变成了主债务人，即其对汇票债务负有担保承兑和担保付款两方面的责任。若汇票不能获得承兑或付款，出票人需自己清偿债务。

对付款人而言，他可以根据自己的判断来决定是否付款。

对收款人而言，获得汇票就成为持票人（Holder），得到了债权，拥有付款请求权和追索权，收款人也可将这些权利转让出去。

在出票时，收款人通常有三种写法。

（1）限制性抬头（Restrictive Order）。如"仅付 A 公司"（Pay to A Co. Only）或"付 A 公司，不准流通"（Pay to A Co. not negotiable）。此种抬头的汇票只限于付款给汇票上指定的收款人，不能流通转让。

（2）指示性抬头（Demonstrative Order）。如"付 A 公司或其指定人"（Pay to A Co. or Order 或 Pay to the order of A Co.）。此种抬头的汇票除 A 公司可以收取货款外，也可以经 A 公司背书转让给第三者。

（3）持票人或来人抬头。如"付给来人"（Pay to Bearer）。此种抬头的汇票持票人无需背书即可转让。

2. 提示

提示（Presentation）是指持票人将汇票提交付款人要求承兑或付款的行为。提示分为两种：

（1）付款提示，持票人将即期汇票或已到期的远期汇票提交给付款人，要求其付款。

（2）承兑提示，持票人将远期汇票提交给付款人，要求其承兑。

3. 承兑

远期汇票的付款人见票时应在汇票上签字，并写明"承兑"（Acceptance）字样及承兑日期。汇票一经承兑，付款人即成为承兑人。承兑人即成为汇票的主债务人，出票人则从主债务人变成了从债务人。

4. 付款

付款（Payment）是指持票人提示即期汇票或已承兑的到期的远期汇票，付款人或承兑人履行付款责任的行为。付款后，汇票上的一切债权债务即告终止。

5. 背书

背书（Endorsement）是指持票人在汇票背面签上自己的名字，或再加上受让人或被背书人（Endorser）的名字，并将汇票交给受让人的行为。经过背书，汇票的收款权利由背书人转让给受让人。一张汇票可经多次背书而不断转让下去。对于受让人而言，所有在其之前的背书人（Endorser）及原出票人，均是其"前手"；而对出让人而言，所有在其之后的受让人均是其"后手"。"前手"对"后手"负有担保汇票必然会被承兑或付款的责任。当然，背书人只是从债务人，只有在债务人即出票人或承兑人拒付时才会被追索。

背书的方式有以下几种：

（1）记名背书（Special Endorsement）。它是指背书人在汇票的背面签上付给某个被背书人或指定人的字样，如"付给 A 公司或其指定人"（Pay to A Co. or Order），经过记名背书的汇票，被背书人可以再做记名或空白背书，连续转让。

（2）空白背书（Blank Endorsement）。此时，背书人在汇票背面签字，但不写明交付给某人。汇票经过空白背书转让后，持票人也可将空白背书转变为记名背书再转让。

（3）限定性背书（Restrictive Endorsement）。它是指背书人在汇票背面签字并指定被背书人。如"仅付 A 银行"或"付给 A 银行，不得转让"（Pay to A Bank only 或 Pay to A Bank not transferable）。限定性背书的被背书人不得再进行转让票据。

（4）有条件背书（Conditional Endorsement）。它是指背书人在汇票背面加列诸如免除责任、免做拒绝证书、免做拒付通知等条件的背书。

（5）委托取款背书（Endorsement for Collection）。此种情形是指由背书人注明其背书的目的是委托被背书人代为取款，而不是转让汇票所有权。

6. 拒付

拒付（Dishonour）是指持票人提示汇票并要求承兑或付款时遭到拒绝，也称退票。除了拒绝承兑和拒绝付款外，付款人拒不见票、破产或死亡等，也视为拒付。汇票遭拒付后，持票人立即产生追索权。持票人可向背书人或出票人追索票款。为行使追索权，持票人一般需做出拒付证书（Protest）。

拒付证书是由拒付地点的法定公证人或法院、银行公会做出的证明拒付事实的文件，是持票人凭以向"前手"进行追索的法律依据。如拒付的汇票已经承兑，出票人可凭以向法院起诉，要求承兑人付款。汇票的出票人或背书人可在出票时或背书时加注"不受追索"（Without Recourse）字样，避免承担被追索的责任。

7. 追索

追索（Recourse）是指汇票遭到拒付时，持票人对其前手（背书人、出票人）行使要求偿还汇票金额和费用的权利。持票人可以向自己的前手进行追索，也可以向任何一个背书人或出票人行使追索权。实务中，持票人大多都向出票人追索。

8. 保证

保证（Guarantee）是指非票据债务人对于出票、背书、承兑及付款等所发生的债务予以担保的票据行为。汇票被保证后，其可接受性增强，便于流通。汇票担保人所负责任与被担保人相同。汇票被拒付时，持票人可以向保证人追索，如担保人偿付了汇票金额，他有权向被担保人及承兑人、出票人，即前手进行追索。

二、本票

（一）概念

本票（Promissory Note）也称期票，是一人向另一人签发的，保证即期或定期或在可以确定的将来时间对某人或其指定人或持票人支付一定金额的无条件书面付款承诺。根据日内瓦《统一汇票本票法公约》规定，本票应具备几个必要的项目：（1）写明"本票"字样；（2）书面的无条件的支付承诺；（3）收款人或其指定人；（4）出票人签字；（5）出票日期及地点；（6）付款期限；（7）付款地点；（8）一定金额。本票与汇票在多方面相同或相似，如汇票中关于出票、背书、付款等票据行为，基本上都适用于本票。各国票据法中对本票只有几条特别规定，其他都可套用汇票的有关规定。

（二）类型

1. 按签发人分

按此标准，本票可分为：

（1）商业本票。它是指由工商企业或个人签发的本票，也称为一般本票。

（2）银行本票。这是由银行签发的本票。

2. 按付款期限分

按付款期限的不同，本票分为即期本票和远期本票。

三、支票

（一）概念

支票（Cheque，Check）是银行的活期存款户向银行签发的授权银行对某人或其指定人或持票人即期支付一定金额的无条件书面支付命令。

根据日内瓦《统一支票法公约》规定，支票应具备几个项目：（1）写明"支票"字样；（2）无条件支付一定金额的书面命令；（3）付款人名称；（4）付款地点；（5）

出票日期及地点；(6) 出票人签字。

(二) 种类

1. 记名支票

记名支票即为限制性抬头支票，在收款人一栏中注明收款人姓名，收款时需经收款人签名。

2. 不记名支票

不记名支票的收款人可以是任意持票人，银行对持票人获得支票是否合法不负责任。

3. 划线支票

划线支票是指在支票正面划有两条横向平行线的支票。该种支票只能由银行收款，不得由持票人提取现款。

4. 保付支票

保付支票是指由付款银行加注"保付"（Certified to Pay）字样的支票。保付支票信用较高，便于流通。

第二节 汇付与托收

在国际贸易中，支付方式直接决定买卖双方的权利、义务、风险，最终影响到各自贸易利益的实现。现有的国际贸易支付方式除了汇款、托收、信用证外，还有银行保函及国际保理等。

支付方式根据资金的流向与支付工具的传递方向是否相同可以分为顺汇与逆汇。顺汇（Forward Transfer）是指资金的流动方向与支付工具的传递方向相同，即债务人主动将款项交给本地银行，委托其使用某种结算工具，汇付给境外债权人或收款人。逆汇（Backward Transfer）是指资金的流动方向与支付工具的传递方向相反，即由债权人出具票据，委托本地银行向境外债务人收取款项。汇款方式属于顺汇，托收、信用证方式属于逆汇。

按信用形式的不同，可将支付方式分为商业信用和银行信用。汇付、托收方式属于商业信用，信用证、银行保函属于银行信用，而国际保理则是一种特殊信用。本节介绍汇付和托收。

一、汇付

（一）概念

汇付（Remittance）又称汇款，是付款人主动通过银行或其他途径将款项汇交收款人的支付方式。在对外贸易中，一般由进口商按合同约定的条件和时间，将货款交与银行，再由银行汇交给出口商。

（二）当事人

在汇款业务中，通常有以下4个当事人：

（1）汇款人（Remitter）。即汇出款项的人。在国际贸易结算中，汇款人通常是进口商。

（2）收款人（Payee or Beneficiary）。又称受款人，即收取汇票款项的人。在国际贸易结算中，收款人通常是出口商。

（3）汇出行（Remitting Bank）。即受汇款人委托，汇出款项的银行。通常是进口商所在地的银行。

（4）汇入行（Paying Bank）。又称解付行，即受汇出行委托解付汇款的银行。通常是出口商所在地的银行。

汇款人在委托汇出行办理汇款业务时，需填写汇款申请书，列明有关委托汇款的内容，如汇款方式、金额、收款人等。汇出行一接受申请，就有义务按申请书的内容履行有关委托事宜，如通知汇入行解付款项。汇入行与汇出行之间，事先订有代理合同，汇入行按代理合约的有关规定，向收款人解付款项。

（三）种类

按汇付指示发送方式可将汇款分为电汇、信汇及票汇三种形式。

1. 电汇

电汇（Telegraphic Transfer，T/T）是汇入行应汇款人的申请，拍发加押电报或电传给国外汇入行指示其解付一定金额给收款人的汇款方式。

电汇方式的汇费较高，但因其具有安全、迅速的特点，因而在汇款业务中有不断增加的趋势。

（2）信汇

信汇（Mail Transfer，M/T）是汇出行应汇款人的申请，用航空信函指示汇入行解付一定金额给收款人的汇款方式。

信汇方式的优点是汇款费用较低，但汇款在途时间较长，收款人收到汇款的时间较晚。

（3）票汇

票汇（Remittance by Banker's Demand Draft，D/D）是汇出行应汇款人的申请，将其国外分行或代理行作为解付行的银行即期汇票，交汇款人自行寄送给收款人或自己携带出国，凭票取款的结算方式。票汇方式的优点是取款方便、灵活、银行手续节省、一定条件下可以转让流通。

（四）汇付方式在国际贸易中的使用

在国际贸易中，以汇款方式结算，根据货款交付和货物运送谁先谁后的时间不同，汇款可分为预付货款和货到付款。

1. 预付货款

预付货款（Payment in Advance）是指进口商根据合同规定先将货款的全部或部分通过银行汇交出口商，出口商收到货款后在一段时间内或立即将货物发运至进口商的结算方式。预付货款是对进口商而言的，对出口商，则是预收货款。预付货款对买卖双方的作用是不同的。

2. 货到付款

货到付款（Payment after Arrival of the Goods）是出口商根据合同规定先将货物发运至进口商，进口商收到货物后，再将货款通过银行汇交出口商的结算方式。货到付款对买卖双方的作用也是不同的。

二、托收

（一）概念

关于托收（Collection），国际商会制订了相关国际惯例——《托收统一规则》，目前正在生效的是该规则1995年修订本（国际商会第522号出版物），英文名为《The Uniform Rules for Collections》（1995 Revision，ICC Publication No. 522），简称URC522。

URC522第2条（a）款将托收定义为：托收是指银行依据所收到的指示处理相关单据，以便于："1. 取得付款和/或承兑；或2. 凭以付款或承兑交单；或按照其他条款和条件交单"。结合进出口贸易实践，可将进出口贸易中使用的托收定义为：出口商（债权人）在发运货物后，开具汇票委托出口地银行通过其在进口地的代理行或往来银行向进口商（债务人）收取货款的一种结算方式。

（二）当事人

根据URC522的规定，托收的当事人有5个，分别为委托人、寄单行、代收行、提示行、付款人。

（1）委托人（Principle）。即委托银行办理托收业务的有关人（The party entrusting the handling of a collection to a bank）。在国际贸易实务中，出口商开立汇票，委托银行向国外进口商（债务人）收取货款。

（2）寄单行（Remitting Bank）。即受委托人委托办理托收的银行。我国外贸业务中，习惯称其为托收行。但鉴于其在托收业务中，虽受委托人委托办理托收，但主要工作是在收到委托人交来的单据并同意办理托收后，将相关单据寄送给下述的代收行，故称寄单行。出口托收时，其通常为出口商所在地的银行。

（3）代收行（Collecting Bank）。即除寄单行以外的任何参与处理托收业务的任何银行。它是指接受托收行委托，向付款人收款的银行，通常是托收行在付款人所在地的联行或代理行。

（4）提示行（Presenting Bank）。即向付款人做出提示的银行。

（5）付款人（Drawee）。即根据托收行指示，向其提示单据的人。如使用汇票，即为汇票受票人，通常是进口人。

（三）托收指示

URC522 第 4 条（a）款 i 项明确规定，"所有送往托收的单据必须附有一项托收指示，注明该项托收将遵循《托收统一规则》第 522 号文件并且列出完整和明确的指示。银行只准允根据该托收指示中的命令和本规则行事。"

我国外贸实践中，将委托人对寄单行发出的托收指示（Collection of Instruction）称为托收申请书，而将寄单行对代收行发出的托收指示称为托收委托书。

与此同时，URC522 第 4 条（b）款还明确了托收指示应该具备的内容，主要包括以下几点：

（1）收到该项托收的银行详情，包括全称、邮政和 SWIFT 地址、电传、电话和传真号码和编号。

（2）委托人的详情包括全称、邮政地址或者办理提示的场所，如果适用的话，包括电传、电话和传真号码。

（3）付款人的详情包括全称、邮政地址或者办理提示的场所，如果适用的话，包括电传、电话和传真号码。

（4）提示银行（如有的话）的详情，包括全称、邮政地址，如果适用的话，还可包括电传和传真号码。

（5）待托收的金额和货币。

（6）所附单据清单和每份单据的份数。

（7）凭以取得付款和/或承兑的条件及条款；凭以交付单据的条件，即①付款和/或承兑，②其他条件和条款。

对此，URC522 进一步指出缮制托收指示的有关方应有责任清楚无误地说明，确保单据交付的条件，否则，银行对此所产生的任何后果将不承担责任。

（8）待收取的手续费指明是否可以放弃。

（9）待收取的利息，如有的话，指明是否可以放弃，包括利率、计息期、适用的计算期基数（如 1 年按 360 天还是 365 天）。

（10）付款方法和付款通知的形式。

（11）发生不付款、不承兑和/或与其他批示不相符时的指示。同时，还指出代收银行对因所提供地址不全或有误所造成的任何延误将不承担责任。

（四）种类

根据托收时是否向银行提交货运单据，托收可分为光票托收和跟单托收两种。

1. 光票托收

根据 URC522 第 2 条（c）款解释，光票托收（Clean Collection）是指附有金融单据而不附有商业单据项下的托收。

URC522将单据分为金融单据和商业单据两类。其中金融单据是指汇票、本票、支票或其他类似的可用于取款项支付的凭证；而商业单据是指发票、运输单据、所有权文件或其他类似的文件，或者不属于金融单据的任何其他单据。

光票托收多用于贸易的从属费用、货款尾数、佣金、样品费的结算和非贸易结算等。

2. 跟单托收

跟单托收（Documentary Collection）有两种情形：一是附有商业单据项下的金融单据的托收，一是不附有金融单据的商业单据项下的托收。由此可见，在金融单据及商业单据两者中，商业单据因为涉及运输单据特别是海运提单这一具有物权凭证的单据，尤为重要，故在一定意义上将跟单托收中的"单"理解为商业单据。在国际贸易中所用的托收多为前者，即托收时，同时附有商业单据及金融单据。

业务中按代收行向受票人提交商业单据的条件不同，将跟单托收细分为付款交单（Documents Against Payment，D/P）和承兑交单（Documents Against Acceptance，D/A）两个子类。

（1）付款交单（D/P）。它是指出口商的交单以进口商的付款为条件，即出口商将汇票连同商业单据交给银行托收时，指示银行只有在进口商付清货款时，才能交出商业单据特别是运输单据。

按支付时间的不同，付款交单又分为即期付款交单和远期付款交单。

即期付款交单（Documents against Payment at sight，D/P at sight）是指出口方开具即期汇票，通过代收行向进口方提示，进口方见票后需立即付清货款才能领取商业单据的付款交单方式。

远期付款交单（Documents against Payment after sight，D/P after sight）是指出口商发运货物后，开具远期汇票连同商业单据一并交给银行委托货款，经代收行提示汇票，进口商审核无误后承兑，于汇票到期日进口商付清货款，并从银行取得商业单据的结算方式。

进口商只有取得商业单据中的运输单据才能提取货物。在远期付款交单下，有可能货物已运抵目的港，但付款日期未到，进口商不能付款赎单提货。为使进口商抓住有利行市，不失时机地转售货物，可采用以下做法：代收行对资信较好的进口商，经进口商申请，代收行同意后开立一张信托收据（Trust Reciept，T/R），进口商凭信托收据向代收行借出运输单据先行提货。

所谓信托收据，就是一张保证书，是进口商借单时表示愿意以代收行的受托人身份代为提货、报关、存仓、保险、出售并承认货物的所有权属于银行，如货物售出，货款将用以抵补汇票款额，如代收行因借单而遭受损失，借单人负责赔偿。代收行可随时取消信托收据，收回货物。这是代收行给予进口商的资金融通，一旦汇票到期不能收到货款，代收行应对委托人负全部责任。代收行借单给进口商，也可依据托收委托书中出口商的指示做出，即所谓付款交单凭信托收据借单（D/P·T/R），这是出口商给予进口商的资金融通，一旦汇票到期不能收到货款，则银行不负责任，而由出口商自行承担风险。还有一种处理办法，即在付款到期日以前进口商可提前付款赎单。

（2）承兑交单（D/A）。承兑交单是指出口商的交单是以进口商的承兑为条件，也即出口商在装运货物后开具远期汇票，连同商业单据，通过银行向进口商提示，进口商承兑汇票后，代收行即将商业单据交进口商，待汇票到期，进口商支付货款。承兑交单方式只适用于远期汇票的托收。

承兑交单方式对进口商非常有利，因为其承兑后即可取得运输单据，因此，进口商有可能在货物售出后再付款，经营成本下降，风险减小。但出口商需慎重使用这种方式。因为出口商在进口商承兑而未付款的情况下，即交出运输单据，从而不能以物权约束进口商付款，其收款的保障建立在进口商的信用基础上，一旦进口商到期不付款，则出口商将遭受货款落空的损失。

案例 9-1 采用 D/P at Sight 损失案

【案情】

某外贸公司以预付货款的方式与某美籍华人客商顺利做了几笔小额交易后，客户称销路已打开，要求增加数量，但因资金周转不开，最好将付款方式改为 D/P at Sight。当时我方考虑到 D/P at Sight 的情况下，如果对方不去付款赎单，就拿不到单据，货物的所有权归我方所有。结果，未对客户的资信进行全面调查，就以此种方式发出了一个 40'（即长为 40 英尺的集装箱）货柜的货物，金额为 30 万美元。

后来，事情发展极为不顺。货物到达目的港后，客户借口资金紧张，迟迟不去赎单。10 天后，各种费用相继发生。考虑到这批货物的花色品种为客户特别指定，拉回来也是库存，便应客户要求改为 D/A 30 天。但在客户将货物提出之后，就再也没有音信。到涉外法律服务处与讨债公司一问才知道，到美国打官司费用极高。于是，只好作罢。

【分析】

出口公司要从中吸取教训，以下几点需引起重视：

（1）客户在开始合作时往往付款及时，以积累信用，但后来突然增加数量，要求出口方给予优惠的付款条件，如 D/P、D/A 或 O/A（Open Account）。如果出口公司答应客户条件,则为以后的纠纷埋下了隐患。

(2) 出口公司在接受客户 D/P 条件后,客户没有付款赎单,反而提出 D/A 30 天。出口方应考虑到 D/A 的风险和后果。

(五) 托收的一般支付程序

1. 即期 D/P

在即期 D/P 下,款项顺利时,其支付流程如图 9-1 所示。

(1) 在贸易合同中,买卖双方约定以即期 D/P 方式支付货款。

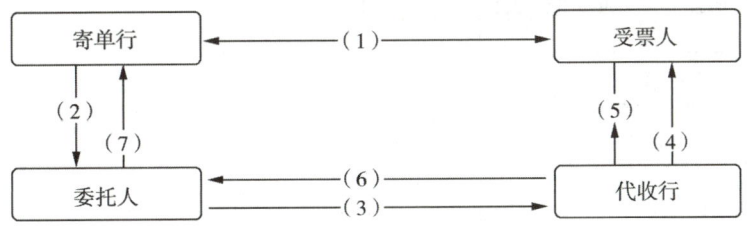

图 9-1 即期 D/P 一般支付流程

(2) 出口商按合同规定发货后取得运输单据,填写托收申请书,开具即期汇票,并连同发票等商业单据一并送交寄单行,委托代收行代收货款。同时,向代收行支付代收手续费及其他有关费用(除托收委托书特别注明外,一般应由发出托收的一方负担费用)。

(3) 寄单行根据出口商的指示缮制托收委托书,将其同汇票、单据等一起寄交代收行,要求代收行按照委托书的指示代收货款。

(4) 代收行收到汇票和单据后,应及时向进口商做付款提示。

(5) 代收行做出提示后,进口商应立即付清货款,代收行同时向进口商交出全套单据。

(6) 代收行收到货款后,即将货款拨付给寄单行。

(7) 寄单行收到代收行拨交货款后即转交出口商。

2. 远期 D/P

与即期 D/P 相比,远期 D/P 的主要不同在于,当代收行向进口商提示时,进口商先承兑远期汇票,其后代收行代为保管全套单据,待付款期限到时,再次向进口商提示已被进口商承兑的远期汇票,进口商立即付款赎单。其他业务流程则与即期付款交单相同。

3. D/A

D/A 的一般支付流程如图 9-2 所示。

(1) 在贸易合同中,买卖双方约定以 D/A 方式支付货款。

（2）出口商发运货物后，填写托收委托书，开具远期汇票，连同全套运输单据委托寄单行办理托收。

（3）寄单行根据托收申请书的内容，缮制托收委托书，一并附上汇票及货运单据寄交国外代收行。

（4）代收行收到汇票及货运单据后，按托收委托书的内容向付款人（进口商）提示承兑。

（5）进口商承兑汇票后，赎取货运单据提货，汇票交代收行保管。

（6）进口商在汇票到期时，主动付款赎单。

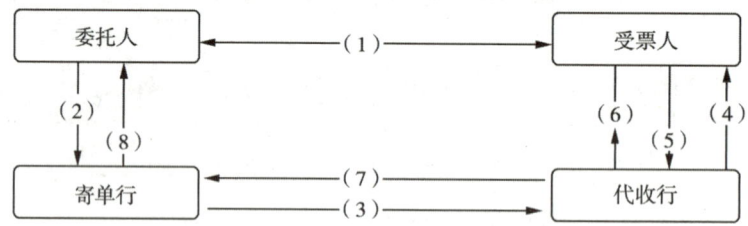

图 9-2　D/A 一般支付流程

（7）代收行通知托收行款已收妥转账。

（8）寄单行将货款转入出口商账户。

（六）托收方式的正确掌握

作为一种重要的国际贸易支付方式，托收在我国出口贸易中也被不同程度地运用。但因其属于商业信用，为保证出口的安全、及时收汇，应注意下列事项：

（1）全面了解进口商的资信状况，慎重选择结算方式及成交金额。就安全性而言，D/P 优于 D/A；就收汇时间而言，即期 D/P 优于远期 D/P、D/A。

（2）了解进口国的贸易政策、外汇政策及有关规定和商业惯例，以免贸易行为不符合进口国的规定而造成货到目的港后不能结关及收不到货款的损失。如欧洲大部分国家的银行不做远期付款交单，美洲地区的国家银行将远期付款交单按承兑交单处理，中东地区一些国家海关规定，远期付款交单条件下，因货物已到而付款期限未到存入公仓的进口货物在 60 天内无人提取，允许公开拍卖。

（3）尽量争取以 CIF 条件成交。由出口商办理货运保险，当发生保险责任范围内的损失时，出口商可以凭保险单直接向保险公司提出索赔，获得赔偿，与 FOB、CFR 相比更主动。有些国家，如印度尼西亚、伊拉克、伊朗、墨西哥、阿根廷、巴西、秘鲁规定，进口商品只能在他们自己的国家办理保险，即进口商品不能以 CIF 价格成交，此时，应投保卖方利益险。

第三节 信用证

汇款、托收方式属于商业信用,出口商能否收到货款,或进口商能否收到符合合同的货物,均依赖于相互间的信用,对双方而言,均不同程度存在风险。为解决买卖双方互不信任、风险较大的问题,促进国际贸易的进一步发展,银行在国际结算中的责任、作用不断加强。这体现为信用证结算方式在国际贸易中的广泛运用。

一、信用证的定义

随着信用证(Letter of Credit,L/C)的广泛使用,国际商会在 1930 年即拟定了有关信用证的国际惯例,名为《跟单信用证统一惯例》(The Uniform Customs and Practice for Documentary Credits,UCP),于 1933 年正式公布,并建议各国银行采用。其后分别于 1951 年、1974 年、1983 年、1993 年及 2007 年相继对其进行了修订,其中 1993 年修订本及 2007 修订本分别为国际商会第 500 号及第 600 号出版物,故分别简称 UCP500 及 UCP600,当前生效版本为 UCP600。

UCP600 第 2 条定义信用证为:信用证指一项不可撤销的安排,无论其名称或描述如何,该项安排构成开证行对相符交单予以兑付的确定承诺。兑付指:a. 如果信用证为即期付款信用证,则即期付款;b. 如果信用证为延期付款信用证,则承诺延期付款并在承诺到期日付款;c. 如果信用证为承兑信用证,则承兑由受益人开出的汇票并在汇票到期日付款。

二、当事人

信用证的当事人众多,UCP600 第 2 条规定了以下当事人:

(一)通知行

通知行(Advising Bank)指应开证行的要求通知信用证的银行。

(二)申请人

申请人(Applicant)又称开证申请人,即要求开立信用证的一方。进出口业务中的开证申请人通常为进口商。他填写开证申请书并签字，请求银行开出以国外出口商或卖方为受益人的信用证。他有义务在适当或合理的时间内，按照销售合同条款申请开出信用证。在开证行付款后，开证人在单据正确时需付款给银行，但若单据有问题，可拒绝付款。如开证行错误地拒绝对受益人付款，开证人可向银行要求赔偿因此而造成的损失。如货物是劣质品或与销售合同不符，开证申请人只能根据具体情况向出口商、保险公司或承运人索赔。

（三）受益人

受益人（Beneficiary）指接受信用证并享受其利益的一方。在进出口业务中，受益人是出口商或卖方。受益人不仅需对提交开证行的单据的正确性与真实性负责，而且需对货物与销售合同相符负责。

（四）保兑行

保兑行（Confirming Bank）指根据开证行的授权或要求对信用证加具保兑的银行。而保兑则是"指保兑行在开证行承诺之外做出的承付或议付相符交单的确定承诺"。业务中，保兑行与开证行处于相同地位，在开证行无法履行付款时，保兑行履行验单付款之责。在已经议付或代付之后，若开证行倒闭或无理拒付，保兑行无权向受益人追索。

（五）开证行

开证行（Issuing Bank）指应申请人要求或者代表自己开出信用证的银行。业务中，在受益人所提交的有关单据与信用证条款相符时，开证行承诺向受益人即期付款、承兑或议付受益人所开汇票或单据。如开证申请人在开证行付款后不付款，开证行有权出售货物，并向开证申请人索款，如销售所得款项不足以支付受益人的款项，开证行对受益人仍承担第一付款人责任，而不管开证申请人是否违约。

（六）指定银行

指定银行（Nominated Bank）指信用证可在其处兑用的银行，如信用证可在任一银行兑用，则任何银行均为指定银行。

（七）提示人

提示人（Presenter）指实施交单行为的受益人、银行或其他人。所谓提示（Presentation）则是"指向开证行或指定银行提交信用证项下单据的行为，或指按此方式提交的单据"。

（八）议付银行

议付银行（Negotiating Bank）即愿意买入或贴现受益人交来的跟单汇票的银行，

可以为通知行或受益人指定的当地往来银行，由信用证的条款来规定。议付意指被指定银行在其应获得偿付的银行日或在此之前，通过向受益人预付或者同意向受益人预付款项的方式购买相符提示项下的汇票（汇票付款人为被指定银行以外的银行）或单据的行为。

案例9-2　保兑行是否应该付款？

【案情】

中国某出口企业收到国外开来不可撤销信用证一份，该证由设在中国境内的某外资银行通知并加以保兑。该出口企业在货物装运后，正拟将有关单据交银行议付时，忽接该外资银行通知，由于开证银行已宣布破产，该行不承担对该信用证的议付或付款责任，但可接受我出口公司委托向买方直接收取货款的业务。对此，你认为我方应如何处理为好？

【分析】

UCP600第8条对保兑行责任规定为"a. 只要规定的单据提交给保兑行，或提交给其他任何指定银行，并且构成相符交单，保兑行必须：i. 兑付，……ii. 无追索权地议付，……"

本案中，在中国境内的该外资银行不仅负责通知了该笔业务中的信用证，还对其进行了保兑，从而成为保兑行，相应地，其必须承担保兑行的责任。故其在开证银行宣布破产时提出的不承担对该信用证的议付或付款责任，而仅可接受我出口公司委托向买方直接收取货款的业务的做法不符合规定。

但是，信用证项下的付款前提是单证相符、单单相符，因此，中方公司需认真按照信用证规定制单，并按期交单。

三、信用证的特点

（一）信用证是银行的信用

信用证是一种银行信用，它由开证行以自己的信用做出付款保证，即只要受益人提交的单据与信用证要求相符时，开证行必须无条件地向受益人或其指定人付款、承兑或议付，而不考虑开证申请人是否破产或违约。

（二）信用证是独立的文件

信用证的基础是买卖双方签订的贸易合同，但信用证一经开出即成为独立于贸易合同以外的一项契约，不再受贸易合同的约束。对此，UCP600第4条"信用证与合同"的（a）款对二者之间的关系进行了规定，"就性质而言，信用证与可能作为其依据的销售合同或其他合同，是相互独立的交易。即使信用证中提及该合同，银行亦与该合同完全无关，且不受其约束。因此，一家银行做出兑付、议付或履行信用证项下其他义务的承诺，并不受申请人与开证行之间或与受益人之间在已有关系下产生的索偿或抗辩的制约。受益人在任何情况下，不得利用银行之间或申请人与开证行之间的契约关系。"与此同时，该条（b）款进一步明确，"开证行应劝阻申请人将基础合同、形式发票或其他类似文件的副本作为信用证整体组成部分的做法。"

（三）信用证是一种单据买卖

在信用证业务下，各方当事人仅处理单据，而非与单据有关的货物、服务或其他行为。对此，UCP600 第 5 条规定，"银行处理的是单据，而不是单据所涉及的货物、服务或其他行为。"特别是对开证行而言，需对于相符提示予以兑付。相符提示意指与信用证中的条款及条件、本惯例中所适用的规定及国际标准银行实务相一致的提示。

四、信用证的基本内容

实务中虽没有两份完全相同的信用证，内容依业务的复杂程度不同而各异，但其包括的主要项目是相同的，主要内容如下：

（1）关于信用证本身的说明。包括信用证形式（Form of Credit）、信用证号码和开证日期（L/C No. and date）、信用证金额、有效期限（Validity 或 Expiry Date）、开证申请人、受益人、开证行等。

（2）关于货物的说明。包括商品名称、规格、数量、包装、唛头及价格条件等。

（3）关于运输的说明。包括装运港或启运地、卸货港或目的地、装运期限、可否分批装运、可否转运、运输方式及最后的装运日期等。

（4）关于汇票的说明。包括出票人、付款人、受款人、汇票期限、出票条款及出票日期等。

（5）关于单据的说明。一般列明需要的单据，分别说明单据的名称、份数和具体要求。主要包括商业发票、提单、保险单据等，其他还有商检证、产地证、包装单据等。

（6）其他说明。开证行对受益人及汇票持有人保证付款的责任文句、适用 UCP600 规定的声明等。

五、信用证的行为

采用信用证方式结算要经过多道环节，或称为信用证的行为。

（一）开立信用证

进口商银行根据开证申请书的内容向出口商（受益人）开出信用证。开证行可以根据申请人的要求采用信开、电开或 SWIFT 方式，其中 SWIFT 目前使用更为广泛。

1. 信开信用证

信开信用证是最传统的一种开证方式，即以信函的形式开立信用证。信开信用证一般一式两份，开证行以航空邮寄给其在出口地的联系行或代理行，委托其将信用证通知或转递给出口商，该行即成为通知行。

2. 电开信用证

电开信用证是指开证行将信用证内容以加注密押的电报或电传通知出口商所在地的联系行或代理行，委托其通知给出口商的开证形式。

电开信用证又分为简电本和全电本两种。

简电本（Brief Cable）即简电开证（To open by brief cable），是将信用证金额、有效期等主要内容以简单电文预先通知出口商，目的是使出口商能早日备妥货物。由于简电信用证内容简单，故不能作为交单议付的依据。在简电信用证中，均有"随寄证实书（Mail confirmation to follow）"。证实书是内容完整的信开本形式的信用证，是有效文本，在简电本发出后，开证行随后立即寄出，作为交单议付的依据。

全电本（Full Cable）就是以电文形式开出的内容完整的信用证，可以作为交单议付的依据。但如果电文中注明"随寄证实书"，则此证实书为有效文本及交单议付的依据。目前，全电开证的形式越来越多。

3. SWIFT 信用证

SWIFT 是国际银行同业间的国际合作组织"Society for Worldwide Interbank Financial Telecommunications"的英文简称，中文译为"环球同业银行金融电信协会"，成立于1973年，其总部设在比利时布鲁塞尔，同时在荷兰阿姆斯特丹和美国纽约分别设立交换中心（Swifting Center），并为各参加国开设集线中心（National Concentration），为国际金融业务提供快捷、准确、优良的服务。SWIFT 运营着世界级的金融电文网络，银行和其他金融机构通过它与同业交换电文来完成金融交易。除此之外，SWIFT 还向金融机构销售软件和服务，其中大部分用户都在使用 SWIFT 网络。

SWIFT 由项目组成，如"59：Beneficiary Name & Address"（受益人）即为一个项目，其中 59 为项目代号，习惯用两位数字表示，但也可用两位数字加一个字母表示，如"51D：Applicant Bank Name & Address"（申请人）。代号不同，含义不同。项目还规定了一定的格式，各种 SWIFT 电文均需按照规定格式表示。

SWIFT 电文中的项目由必选项目及可选项目组成，其中前者是必须要有的，如"31D：Date and Place of Expiry"（信用证有效期），而后者则是额外增加的项目，并非每一信用证均要有，如"39B：Maximum Credit Amount"（信用证最大限制金额）。

SWIFT 对日期及数字的表示方式有其特殊要求，使用时需要特别注意。

对于电文日期，SWIFT 规定应采用"YYMMDD（年月日）"格式，如：2017 年 12

月12日表示为171212；而2018年1月1日则应表示为180101。

对于数字，SWIFT规定在其电文中，数字不得使用分格号，小数点需用逗号","来表示。如我们习惯将"九百八十七万六千五百四十三点二一"表示为"9，876，543，21"，但SWIFT要求表示为"9876543，21"。此外，分数"1/2"表示为"0.5"，"5%"表示为"5 PERCENT"。

（二）通知或转递信用证

通知行收到开证行开来的信用证，核对无误后，即将信用证通知或转递给受益人（出口商），受益人接到信用证后，如对开证行不了解或发现开证行资信不好，可要求开证行找一家受益人熟悉的、信誉好的银行对信用证加以保兑。受益人收到信用证后，要认真审核信用证，当发现信用证与贸易合同不符，不能接受时，可要求开证申请人修改信用证或拒绝接收信用证。信用证内容与合同规定相符或可以接受时，出口商将按信用证规定装运货物，取得货运单据。

（三）议付

议付行收到受益人交来的符合信用证规定的单据后，进行议付，付款买入票据。

（四）索偿

信用证支付方式下，开证行承担第一付款人责任。因此，议付行在议付后，信用证的议付、付款和偿付需向开证行提出要求偿还相关款项的行为。从国际贸易业务流程看，此后还会经历"进口商付款赎单"环节，即开证行在付款后，立即通知进口商付款赎单，进口商在审核单证相符后，将开证行所垫票款付清，并按规定支付银行费用，取得全套单据提取货物。如果发现单证不符，进口商有权拒绝付款，则开证行有可能遭受资金损失。如果进口商付款赎单提货后，发现货物与贸易合同不符，则进口商只能凭合同与出口商交涉，或通过法律诉讼或仲裁。但此程序与信用证本身的付款无关，因为根据UCP600的规定，信用证支付方式下，开证行承担第一付款人责任。

六、信用证支付的一般程序

一般情况下，信用证的支付程序需要经过八步，如图9-3所示。

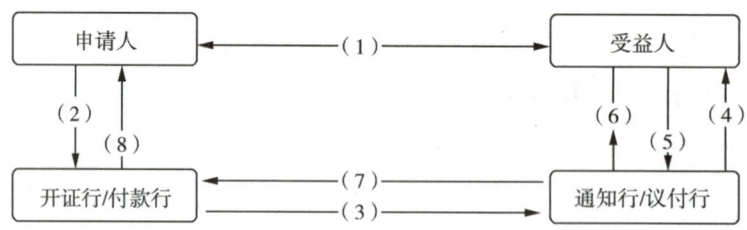

图9-3 信用证支付的一般流程

（1）进出口商在贸易合同中约定，双方的货款支付选择信用证支付方式。

（2）进口商向其所在地银行提交开证申请书，开证申请书应以合同为依据进行填写，并向开证行缴纳押金或提供其他保证，请银行（开证行）开证。

（3）开证行根据申请内容，并在获得押金或进口商提交的其他保证后，开出以出口商为受益人的信用证，并寄交出口商所在地的分行或代理行（统称通知行）。

（4）通知行审核无误后，将信用证交与受益人。

（5）受益人对照合同审核信用证，在其与合同相符后，按信用证规定装运货物，备齐信用证规定的各项货运单据，开出汇票，并在信用证有效期内，将信用证规定的全套单据交其所在地银行进行议付。按例，议付行通常就是信用证的通知行。

（6）议付行收单后，按信用证条款审核无误后，按照汇票金额扣除利息，将货款垫付给受益人。

（7）议付行将汇票和货运单据寄给开证行（或其指定的付款行）索偿。

（8）开证行（或其指定的付款行）核对单据无误后，付款给议付行。

七、信用证的种类

信用证的种类很多，主要分为以下几种：

（一）按是否附有货运单据分

1. 跟单信用证

跟单信用证（Documentary Credit）普遍用于国际贸易货款的支付。它是凭跟单汇票或仅凭规定的单据付款的信用证。

2. 光票信用证

光票信用证（Clean Credit）是凭不附任何货运单据、只凭汇票（有时附有发票）付款的信用证。如预支信用证、备用信用证及非贸易结算中使用的旅行信用证等。

（二）按开证行的付款责任分

1. 不可撤销信用证

不可撤销信用证（Irrevocable L/C）是信用证一经开出，未经受益人及有关当事人同意，开证行不能片面修改和撤销的信用证，只要受益人提供了符合信用证规定的单据，开证行必须履行付款责任。

案例 9-3　不可撤销信用证的修改

【案情】

2015年1月，我国A公司与巴西B公司达成了一笔以CIF价格成交的出口合同。合同规定4月份装运。B公司于2015年3月10日开来不可撤销信用证，证中明确规定，此证按UCP600规定约束。信用证内规定：装运期不得晚于4月25日。此时我方已来不及办理租船订舱，立即要求B公司将装运期延至5月15日。随后B公司来电告知A公司称"同意展延装运期，信用证有效期也顺延一个月"。我A公司于5月10日装船，提单签发日为5月10日。A公司于5月14日提交全套信用证规定的单据交银行办理议付。试问：我国A公司能否顺利结汇？为什么？

【分析】

（1）UCP600第10条（a）款规定，"除第38条另有规定外，未经开证行、保兑行（如有的话）及受益人同意，信用证既不得修改，也不得撤销。"同时（b）款规定，"开证行自发出信用证修改书之时起，即不可撤销地受其约束。"即：不可撤销信用证一经开出，在有效期内，未经受益人及有关当事人的同意，开证行不得片面修改和撤销，只要受益人提供的单据符合信用证规定，开证行必须行付款义务。

（2）本案中，A公司提出信用证装运期的延期，且得到B公司的允诺，但从案例中提及的信息可见，开证行并未开出修改通知书，即该案中装运期及信用证有效期的修改仅仅是A公司与B公司之间的行为（可理解为合同的修改），但鉴于未经开证行同意，故此项修改是无效的。

（3）信用证规定的运期为"不晚于4月15日"，而A公司实际所交提单的签发日为5月10日，与信用证规定不符。鉴于此，开证行可以"单证不符"为由，实施拒付，也就意味着A公司无法顺利结汇。

本案启示我们，在使用信用证时，如需修改，必须同时得到开证行、保兑行（如有的话）及受益人的同意，方为有效。

2. 可撤销信用证

可撤销信用证（Revocable L/C）是指开证行在信用证开出后不必征得受益人或有关当事人的同意，有权随时修改或撤销的信用证。对受益人而言，不可撤销信用证的付款承诺使其收款更有保障，而可撤销信用证是一种不确定的付款承诺。故随着国际贸易的发展，可撤销信用证逐渐退出历史舞台。为此，UCP600第3条"释义"中明确"信用证是不可撤销的，即使信用证中对此未做指示，也是如此。"

（三）按是否有开证行以外的银行对信用证加以保兑分

1. 保兑信用证

UCP600第2条规定，"保兑意指保兑行在开证行之外对于相符提示做出兑付或议付的确定承诺。"故保兑信用证（Confirmed L/C）是指由保兑行对与信用证条款规定相符的单据履行付款义务的信用证。需注意的是保兑信用证只适用于不可撤销信用证。

2. 不保兑信用证

不保兑信用证（Unconfirmed L/C）是指未经其他银行加以保兑的信用证。在国际贸易中，一般以下几种情况需使用保兑信用证：信用证金额较大，有可能超出开证行本身的偿付能力；开证行系地区性中小银行；进口国政治和经济不稳定，外汇严重短缺，需由第三国银行加以保兑。此外，英国的银行历来认为自己的信用最为可靠，故在开出信用证时自己常在信用证上加盖保兑章，但这与上述不可撤销信用证并无本质区别。

（四）按付款时间分

1. 即期信用证

即期信用证（Sight L/C）是指开证行或付款行收到与信用证条款相符的跟单汇票或单据后，立即履行付款义务的信用证。在即期信用证中，有时还加列"电报偿付条款"（T/T Reimbursing Clause），加列此种条款的信用证，议付行在议付单据后当天即可用电报通知付款行偿付，付款行应以电汇偿付。但如规定开证行或付款行于收到汇票或单据与信用证条款相符后，才以电汇方式汇付的，则是单据到达后电汇付款的信用证。

2. 远期信用证

远期信用证（Usance L/C）是指开证行或付款行收到符合信用证条款的单据时不立即付款，而是根据规定的付款期限到期才付款的信用证。远期信用证可分为以下几种：

（1）承兑信用证（Acceptance L/C）。承兑信用证是开证行或付款行在收到符合信用证条款的汇票和单据后，先办承兑手续，待汇票到期时才履行付款的信用证。分为银行承兑信用证和商业承兑信用证。

银行承兑信用证（Banker's Acceptance L/C）是指以开证银行或其指定的银行作为远期汇票付款人，汇票由银行签字承兑的信用证。在这种信用证下，受益人按信用证规定开立远期汇票，附上单据通过议付行交开证行承兑，开证行承兑汇票后，留下单据，寄出"承兑书"给议付行；或将汇票退给议付行在进口地的代理行保存，待汇票到期时向开证行提示付款，款项收妥后付给受益人。如果受益人要求于汇票到期前收到货款，可由议付行在进口地的代理人将已承兑的汇票送交银行办理贴现。银行将汇票金额扣除未到期的利息后，将款项交议付行转给出口商。待汇票到期时，由银行向开证行提示付款。

商业承兑信用证（Trader Acceptance L/C）是指以进口商为付款人的信用证，其结算程序与银行承兑信用证大体相同。商业承兑信用证下的汇票虽然是以进口商为付款人，由进口商签字承兑，但在不可撤销信用证条件下，开证行同样承担第一付款人责任。若进口商拒绝承兑或付款，开证行仍需履行承兑或付款责任。商业承兑汇票的贴现率一般高于银行承兑汇票的贴现率。因此，为融通资金便利，出口商都争取采用银行承兑信用证。

（2）延期付款信用证（Deferred Payment L/C）。延期付款信用证是指开证行在信用证中规定货物装船后若干天付款，或开证行收单后若干天付款的信用证。此种信用证大多用于大型机器、成套设备的交易。因其远期付款期限较长，达一年或数年不等，往往利用出口国银行中长期信贷来代替短期的贴现作为融资手段，故延期付款信用证一般不要求出口商开立远期汇票。

此外，在国际贸易实践中，还有"假远期信用证"（Usance Credit Payable at Sight），此种信用证虽为远期，但信用证上订明付款行同意按即期付款或同意贴现，贴现费用由开证申请人负担。使用该种信用证对受益人来说与即期信用证没有大的区别，能够在即期全额收款，而对进口商却可在远期汇票到期时才向银行付款（实际上是由开证行或贴现银行对进口商的资金融通）。因此，这种信用证又称为买方远期信用证（Buyer's Usance L/C）。

（五）按信用证上受益人权利是否可转让分

1. 可转让信用证

可转让信用证（Transferable L/C）是指一种可转让信用证权益的信用证。信用证原则上是一种非让渡性（不可转让）证券。UCP600 第 38 条规定，只有开证银行在信用证上确切注明"可转让"（Transferable）字样者，信用证受益人才能将信用证权益依法转让给他人，凡信用证未注明可转让者，均为不可转让信用证。一般而言，信用证如需转让，应由原受益人提出信用证正本及信用证转让申请书（Application for Transfer of Credit）向转让银行办理转让。

根据 UCP600 规定，可转让信用证只能转让一次，即只能由第一受益人转让给第二受益人，第二受益人不能再将信用证转让给第三受益人，但可转回第一受益人；需注意的是信用证可同时转让给多个第二受益人。

2. 不可转让信用证

不可转让信用证（Non-transferable L/C）是指受益人不能将信用证的权利转让给他人的信用证。凡信用证未注明"可转让"者，就是不可转让信用证。

（六）按信用证作用分

1. 预支信用证

预支信用证（Anticipatory L/C）是指开证行授权议付行在出口商装货交单前预付全部或部分货款的信用证。由于预支款是供受益人收购及包装货物所用，故该种信用证也称为打包放款信用证（Packing Loan L/C）。它与远期信用证正好相反，进口商付款在先，出口商交货交单在后。全部预支信用证凭出口商的光票付款或凭出口商出具的负责补交信用证规定单据的声明书付款。若以后出口商不交单、不交货，开证行及议付行不负责任。当正式单据交到后，议付行在付给剩余货款时，从中将预支货款的利息扣除。此项预支货款的特殊条款，过去常以红色字体打出，故预支信用证也称为红条款信用证（Red Clause L/C），但现今信用证的预支条款并非都用红字表示。

2. 对开信用证

对开信用证（Reciprocal L/C）是指两张信用证的开证申请人互以对方为受益人开立的信用证。对开信用证的性质是，第一张信用证的受益人（出口商）和开证申请人（进口商）同时又是第二张信用证（也称回头证）的开证申请人和受益人。第一张信用证的开证行往往是回头证的通知行，两证的金额大体相等。对开信用证上一般加列表示对开信用证的条款，两证可以同时互开，也可以分别先后开立。

信用证的生效办法一般有两种：一是两张信用证同时生效，第一张信用证开出后暂不生效，等对方开来第二张回头信用证经受益人认可后，通知对方银行两证同时生效；二是两张信用证分别生效，这种规定对于先开证一方来说，需承担对方不开证的风险，因此，运用时需谨慎。

对开信用证可用于两批不同商品的易货或换货以及补偿贸易、来料加工等业务。

3. 对背信用证

对背信用证（Back to Back L/C）又称转开信用证，是指受益人要求原证通知行或其他银行以原证为基础，以该行为开证行，以该受益人为开证申请人，以实际供货人为受益人开出的与原证内容相似的新信用证。因为对背信用证是以原证为基础开立的，所以也称从属信用证（Subsidary L/C），如果其是开给当地供货人的，也称为当地信用证（Local L/C）。

在出口商不是实际供货人以及进口商开出的是不可转让信用证或两国不能直接办理进出口贸易时，可通过第三者以此方法来沟通贸易。对背信用证与可转让信用证都产生于有中间商的贸易，为中间商人提供便利，业务处理上也有许多相似之处，但实际上两者性质完全不同，对背信用证是以原证为基础，以原受益人为开证人，由原通知行或其他银行为开证行向另一受益人开立的新的信用证。新证开立时，原证仍有效，银行代原受益人保管，作为其对背信用证的依据和质押，但新的信用证（对背信用证）的开证与受益人之间完全是一笔新的单独的业务，原证开证行和原证开证人与新证无关，新的信用证受益人与原证不发生关系。可转让信用证的原证与新证的开证行是同一家银行，原开证行对新证的受益人付款，原证中只有注明"可转让"，才有产生新证的可能。

4. 循环信用证

循环信用证（Revolving L/C）是指当受益人全部或部分使用信用证金额后，其使用信用证金额的权利能够重新恢复到原证金额再度被使用，周而复始直到该证规定的次数或总金额用完为止。

循环信用证可以分为按时间循环的信用证和按金额循环的信用证两种。

（1）按时间循环的信用证是指受益人在规定时间内可多次支取信用证规定金额的信用证。根据金额计算方式的不同，分为不可积累（Non-accumulative）循环信用证和可积累（Accumulative）循环信用证。

不可积累循环信用证是指受益人在规定的循环期内，信用证规定可以使用的金额未用完时，金额不可转移到下一期再使用的信用证。

可积累循环信用证是指受益人在上一循环期未用完的信用证金额可转移到下一期循环使用的信用证。如果信用证中未明确规定允许积累使用，则不能积累使用。因故未能及时装运的货物和原来规定的以后各批货物，未经开证行修改信用证，都不能再出运。

（2）按金额循环的信用证是指信用证金额议付后，仍恢复到原金额可再使用，直至用完规定的总额为止的信用证。用完每期金额再恢复到原金额的具体办法有以下三种：

①自动循环（Automative Revolving）：受益人按规定时期装运货物议付后，不需要等待银行的通知，信用证即可自动恢复到原金额再次使用。如信用证中规定"本证将再次自动恢复每月一期，每期金额10000美元，总金额为800000美元"。

②半自动循环（Semi-automative Revolving）：受益人每次装货议付后若干天内，开证行未提出终止循环的通知，信用证即自动恢复到原金额再次使用。如信用证中规定"议付银行在每次议付后X天内未被通知停止恢复，则信用证未用金额即增至原金额"。

③非自动循环（Non-automative Revolving）：受益人每次装货议付后必须等待开证行通知到达，信用证才恢复到原金额继续使用。如信用证中规定"本金额需在每次议付后收到开证银行本证可以恢复的通知，方可恢复"。循环信用证一般适用于定期分批均衡供应、分批结汇的长期合同。这对买方来说，可避免每批交货分别开证，从而节省开证费用，减少押金，有利于资金周转。对卖方来说，可减少逐批催证、审证手续，只要能按照信用证规定如期交货，即可保证及时、安全地收回全部货款。

5. 备用信用证

最先使用备用信用证（Standby L/C）的是美国，美国联邦储备银行管理委员会规定，"备用信用证，不论其名称和描述如何，都是一种信用证或类似的安排，构成开证行对受益人的下列担保义务：①偿还债务人的借款或预支给债务人的款项；②支付由债务人所承担的负债；③对债务人不履约而付款。"

备用信用证也有独立于销售合同的特点。但与传统的跟单信用证不同的是，在备用信用证下，只有当开证申请人不履行其义务时，才由受益人开出有关于此的一项声明连同票据向银行请求付款。而当开证申请人守信履约时，该证自动失效，不再被使用，故称备用信用证。备用信用证的应用范围极为广泛，只要开证申请（甲方）对受益人（乙方）承担某项义务，若乙方认为从甲方的资信看其履行的承诺不足以为乙方提供足够的安全保障时，即可利用备用信用证，由开证行做出承诺，在开证申请人未履行义务时，凭受益人开立的汇票及关于开证申请人未履行义务的声明支付信用证规定的金额。

（七）按付款方式分

1. 付款信用证

付款信用证（Payment L/C）是指定某一银行付款的信用证，付款信用证中没有明显的"Payment Credit"字样，但可从其条款内容加以识别：①证内一般不规定需要汇票；②证内明确规定"当卖方提交规定的单据时，即履行付款"；③证内列有开证行"保证履行付款责任"的条款。前述的即期付款信用证和延期付款信用证就属于付款信用证。

2. 承兑信用证

承兑信用证（Acceptance L/C）是指定某一银行承兑受益人提示的远期汇票的信用证。它的条款内容的特点是：①证内明确规定"当卖方提交远期跟单汇票时，即予承兑"；②证内列有开证行"保证履行承兑和承担到期付款责任"的条款。前述的银行承兑信用证和商业承兑信用证就属于承兑信用证的范围。

3. 议付信用证

议付信用证（Negotiation L/C）是开证行允许受益人向某一指定银行或任何银行交单议付的信用证。在议付信用证下，只要受益人提交的单据符合信用证规定，议付行在扣除利息和手续费后，将票款付给受益人。议付和付款的主要区别在于议付银行（保兑行议付时除外）如因单据不符而不能向开证行收取货款时，可向受益人追索，而付款行在付出货款后，无权向受益人追索。

议付信用证可分为公开议付信用证和限制议付信用证。

（1）公开议付信用证（Open Negotiation Credit）又称自由议付信用证，是指任何银行均可议付的信用证。公开议付信用证中,一般载有下列保证文句:"根据本信用证并按其所列条款开具之汇票向我们提示并提交本证规定之单据者,我们同意对其出票人、背书人及善意持有人履行付款责任。"

(2)限制议付信用证(Restrictive Negotiation Credit)是指开证银行指定某银行或开证行本身进行议付的信用证。限制议付信用证一般载有下列文句:"本证限×××银行议付。"

第四节 银行保函

一、银行保函的含义

银行保函（Letter of Guarantee，L/G）又称银行保证书，它是指银行、保险公司、担保公司或个人（保证人）应申请人请求，向第三方（受益人）开立的一种信用担保凭证。银行保函的适用范围很广，除适用于货物买卖，还广泛应用于国际经济合作领域，如国际工程承包中的招标与投标、国际信贷中的借贷业务。担保的内容除还款担保外，还包括投标担保、履约担保。在国际贸易中，银行保函与跟单信用证是不同的，主要体现在以下几方面：

（1）付款责任不同。银行保函的保证人的付款责任是第二性的；而跟单信用证是开证行对出票人、持票人承担第一性付款的责任，只要出口商提交的单据符合信用证规定，开证行即负第一性的付款责任。使用保函时，通常债权人先向债务人请求付款，在债务人不付款时，才可利用保函向担保银行要求付款，保证人的付款责任是第二性的。

（2）与合同关系密切度不同。保函与贸易合同关系密切。跟单信用证以买卖合同为依据，但一经开出，银行将按信用证行事，不受合同约束。保函条款是根据合同规定确立，银行的担保责任在委托人违背合约的前提下履行，保函与合同的关系密不可分，由于贸易合同不能转让，所以保函也不能转让。

（3）支付行为不同。保函的保证人不一定会发生支付行为；跟单信用证项下，作为付款保证人的开证行的支付行为一定会发生。保函下的付款保证人的支付往往不会发生，只有在委托人违约，又未按规定赔偿时，受益人才会使用保函索偿。

（4）是否需要押金不同。保函的保证人一般不要求委托人交付押金；跟单信用证下的开证行为减少风险，在申请人申请开证时一般要求其缴纳一定的押金。保函的开立是保证人本着对委托人履约能力的信任，为委托人提供信用保证，一般不要求委托人交押金。

二、银行保函的当事人

银行保函的当事人包括以下几种:

(一) 委托人

委托人(Principal)又称申请人,是指要求银行开立保函的人,在投标保函下,为投标人;在履约保函下(如出口保函),是货物或劳务的提供者;如为进口保函,是价款的支付人;在还款保函下,为借款人。

(二) 受益人

受益人(Beneficiary)即收到保函并可凭以向银行索偿的人。

(三) 保证人

保证人(Guarantor)也称担保人,是指保函的开立人。委托人、受益人、保证人是银行保函的基本当事人。

(四) 转递行

转递行(Transmitting Bank)即根据开立保函的银行的要求,将保函转递给受益人的银行。

转递行只负责核对印鉴或密押,保证保函的真实性,不负担任何经济责任。

(五) 保兑行

保兑行(Confirming Bank)即在保函上加以保兑的银行。保兑行只在保证人不按保函规定履行赔付义务时,向受益人赔付。

(六) 转开行

转开行(Reissuing Bank)即接受担保银行的要求,向受益人开出保函的银行。转开行负责向受益人赔付。

三、银行保函的主要内容

(一) 当事人

保函中详细列有主要当事人详细的名称、地址,特别是保证人的地址尤为重要,因为保函通常是受开立地法律约束的。由于各国法律不同,保函受益人无法弄清保证行所在地的全部法律,因而往往只接受本国银行开立的保函。

(二) 责任范围

保函中明确规定保证人的责任范围,保证人向受益人承担的责任以保函中所列的条款为准,保证人担保的金额通常就是受益人索偿的金额,但担保金额不一定是具体的金额,可只是合同金额的一定百分比。

(三) 保函期限

保函中一般明确规定有效期，其指受益人索偿要求送达保证人的最后期限。一般说来，有效期过后，保证人便解除责任，但需注意有些国家的法律规定保函不应有有效期，为避免纠纷，大多数保函在规定有效期的同时，还规定有效期到期时，受益人应将保函立即退给保证人。

(四) 索偿条件

目前索偿条件主要有两种：一种索偿条件是在受益人索偿时，保证人有权调查事实，以决定是否付款；另一种索偿条件是受益人在保函规定的有效期或以前，以书面形式，将索偿要求送达保证人，保证人不需调查事实，只需审核规定提交的某种证明，如委托人签发的某种证明或受益人自己签发的说明委托人已违约的证明。

(五) 保函的修改

保函任何内容的修改，需得到受益人的同意。

银行保函在国际上的使用范围逐步扩大，内容也日益复杂，为了规范其使用，国际商会于1993年制订了《合同保函统一规则》（Uniform Rules for Contract Bonds，URCB524）。

四、银行保函的种类

按银行保函的用途可将其分为投标保函、履约保函和还款保函三种。

(一) 投标保函

投标保函（Tender Guarantee）是指银行、保险公司、担保公司或个人（保证人）向招标人（受益人）承诺，或按照担保申请人所授权的银行的指示向招标人（受益人）承诺：当申请人（投标人）不履行其投标所产生的义务时，保证人应在规定的金额限度内向受益人付款。投标保函可保证招标人的利益不受损失，如投标人投标后撤销标书或修改标书内容、中标后不签约，以上损失由保证人负责赔偿。

(二) 履约保函

履约保函（Performance Guarantee）是招标人（受益人）要求中标人（委托人）在签订合同时必须提供的，如果中标人未履行合约义务即予赔偿的银行保函。其履约办法有两种：

（1）如申请人不履行他与受益人之间订立的合同，由保证人向受益人赔付约定的金额。

（2）如保函规定保证人有选择权，保证人可以以实物支付，亦可采取措施履行合同。履约保函的使用范围很广泛，在一般货物进出口交易中也可使用，分为进口履约保函和出口履约保函。①进口履约保函是指保证人应进口商的请求开给出口商（受益人）的保函。保证在出口商按合同规定交货后，如果进口商未按规定付款，则由保证人负责偿付。②出口履约保函是指保证人应出口商的请求开给进口商（受益人）的保函，保证如果出口商未按合同规定交货，则保证人向进口商赔偿由此造成的损失。

（三）还款保函

还款保函（Repayment Guarantee）是指银行、保险公司或其他当事人，应合同一方当事人的申请，向合同另一方当事人开立的保函。保函规定，在申请人不履行他与受益人订立的合同义务，将受益人预付、交付的款项退还或还给受益人时，由保证人负责向受益人退还或支付款项。

第五节 国际保理

一、国际保理的概念

国际保理（International Factoring），又称承购应收账款业务，是指出口商以商业信用形式出售商品，货物装运后立即将发票、汇票、提单等有关单据卖断给承购应收账款组织或专门的财务公司，收进全部或一部分货款，从而取得资金融通的业务，它属于对外贸易短期信用的一种形式。

第二次世界大战以后，随着国际贸易的发展，保理业务有了迅速的发展，表现在以下三个方面：①从事保理业务的机构越来越多，规模日益扩大，并在国际范围内建立了世界性的"国际承购应收账款联合组织"，方便了各国承购应收账款公司之间互相交换有关情报，进一步促进了保理业务的发展；②越来越多的国家开办保理业务，除英国外，其他西方国家陆续开办保理业务，一些发展中国家也陆续或正在开办保理业务；③保理业务涉及的贸易领域越来越广。传统的保理业务产生于以寄售方式从事的纺织品贸易中，目前，保理业务不仅涉及纺织品、食品、一般日用品的贸易领域，而且运用于电子产品、家具、机械产品等贸易领域。

二、保理业务的特点

（一）保理机构承担信贷风险

出口商将单据卖断给保理机构，意味着如进口商拒付货款或不按期付款，保理机构不能向出口商行使追索权，风险全部由其自行承担。因此，保理机构为减少风险，欲以保理方式融通资金的出口商根据其对进口商的资信调查结果和可能的贸易金额建议，与进口商进行磋商，贸易金额一般需在保理机构的建议金额之内。另外，保理机构一般都有专门部门，有条件对进口商资信情况进行全面、细致、准确的调查。因此，以此为基础所进行的交易，可避免货款收不到的风险。

（二）保理业务内容广

保理业务不仅为出口商提供了资金融通的便利，还向出口商提供资信调查、托收、催收账款，甚至代办会计处理等一系列服务。

（三）预支货款

典型的保理业务，出口商在出卖单据后，都立即收到现款，得到资金融通，当然，如果出口商资金雄厚，也可在票据到期后向保理机构索要货款。保理手续费的费率一般为应收账款总额的0.75%~2%。保理手续费主要包括以下费用：①向进口商提供的赊销额度的建议，是保理机构周密调研的结果，因此出口商要给予报酬；②对信贷风险的评估工作给予一定的报酬；③对保存进出口商交易磋商的记录与会计处理应支付一定的费用。

本章小结

本章主要讲述国际货款支付条款的内容,主要包括支付手段、支付方式、支付时间与地点等。在国际货款结算中,绝大部分采用非现金结算方式,即采用金融票据(如本票、支票和汇票)作为支付手段,其中以汇票的使用最为普遍。国际货款的支付方式包括汇付、托收和信用证付款等方式,其中汇付和托收属商业信用,信用证付款属银行信用。这些支付方式,既可单独使用,也可结合使用,或者同备用信用证与银行保函结合使用。

【课后思考】

1. 何为汇票?汇票有哪几种?汇票在市场上是怎样流转使用的?
2. 汇付和托收的性质怎样?采用这两种方式应注意哪些事项?
3. 信用证的性质、特点和作用如何?为什么它在国际贸易中被广泛采用?
4. 信用证付款方式涉及的主要当事人有哪些?各当事人之间的相互关系怎样?
5. 信用证的流转程序是什么?

第十章 商品检验

【学习目标】
1. 了解商品检验的作用。
2. 掌握商品检验条款的内容与规定方法。
3. 熟悉主要商检证书的作用。

进出口商品的检验是国际贸易各环节中的重要一环，其检验结果不仅是进出口双方履约的依据，还是进出口双方凭以解决贸易争端的重要依据。各国针对商品检验有不同的法律和规定，检验的方式也各不相同。因此，了解进出口商品检验的方法、商检条款内容、检验机构等知识具有重要的意义。

第一节 商检的内涵与商检条款内容

一、商品检验的含义与作用

商品检验（Commodity Inspection）简称商检，是由独立的第三者（一般为专业的检验机构或公证机构）对进出口商品品质、重量或数量、包装、残损及货物的装运技术条件等进行检验和鉴定，并出具检验证书，作为买卖双方交接货物、支付货款和处理索赔的依据。此外，它还包括根据一国法律法规对某些货物进行品质、数量、卫生、安全的检验及动植物病虫害检疫等。

由商检的含义，我们即可概括出商检工作的作用，至少表现在以下三个方面：①它是保障买卖双方利益、避免发生争议的主要手段；②它是当有关商品的品质、数量及包装等方面的争议发生后明确有关责任归属的必要环节；③它是维护人民身体健康、保障公共安全的重要措施。此外，出口国还可用它来维护出口商品及国家的信誉。

二、商检条款的内容

商检条款的主要内容包括检验权、复验权、商检机构以及商检的种类、方法和依据等。

（一）检验权

检验权是指由何人，在何时、何地对商品进行检验。检验权的规定不仅关系到买卖双方的权利和义务，而且受有关国际惯例和法律的约束。为准确理解检验权的规定，需区分买方"收到"货物和"接受"货物这两个不同的概念。

1. 货物的收到与接受

在国际贸易实践中，买方"收到"货物（Receipt of the goods）和买方"接受"货物（Acceptance of the goods）是两个不同的概念。当货物运抵买方港口或营业处所，交给买方后，就意味着买方收到货物，买方收到货物后，若认为该货物的品质、数量、包装等符合买卖合同的规定而同意接受货物，才意味着买方已接受货物，可见，国际货物买卖的交接过程要经过交货、检验、接受或拒收三个环节。买方在收到货物后，应有合理的机会对货物进行检验已成为国际惯例。

2. "检验权"的规定

在国际贸易中，对检验权的规定有以下几种不同的方法：

（1）以离岸品质、重量（Shipping Quality，Weight）为准。货物在装运港（地）装运前，装运港（地）商检机构出具的商检证书作为最后的依据。货物运抵目的港（地）后，买方虽有权对货物进行复验或委托第三者进行复验，但若复验结果与装运港（地）商检机构出具的商检证书不符，买方也无权向卖方提出异议或索赔。这种规定方法，实际上否定了买方的复验权，对卖方有利，买方往往难以接受。

（2）以到岸品质、重量（Landed Quality，Weight）为准。按此规定，货物运抵目的港（地）后，由目的港（地）的检验机构进行检验，其出具的商检证书就作为交货品质和重量的最后依据。如买方的检验结果与合同规定不符，除非是运输部门及港口、车站、机场或保险公司等有关部门的责任，否则应由卖方负责。这种规定方法，实际上剥夺了卖方的检验权，对买方有利，但卖方却难以接受。

（3）装运港（地）检验重量，目的港（地）检验品质。在大宗商品交易的检验中，为了调和买卖双方在商品检验问题上存在的矛盾，常将商品的重量检验和品质检验分别进行，即以装运港或装运地验货后检验机构出具的重量检验证书，作为卖方所交货物重量的最后依据，以目的港或目的地检验机构出具的品质检验证书，作为商品品质的最后依据。货物到达目的港或目的地后，如果货物在品质方面与合同中规定的不符，而且该不符点是卖方责任所致，则买方可凭品质检验证书，对货物的品质向卖方提出索赔，但买方无权对货物的重量提出异议。这种规定检验时间和地点的方法就是"装运港（地）检验重量，目的港（地）检验品质"，习惯称"离岸重量、到岸品质"（Shipping Weight and Landed Quality）。

（4）装运港（地）检验，目的港（地）复验。按此规定，货物由装运港（地）商检机构所出具的检验证书虽不是交货品质、数量的最后依据，但可作为卖方向银行议付货款的单据。货物抵达目的港（地）后买方有复验权，目的港（地）商检机构出具的检验证书，也不是交货品质、数量的最后依据，但如检验结果与合同不符，并属于卖方的责任，买方有权向卖方提出索赔，目的港（地）商检机构出具的检验证书可作为索赔的依据，这种规定方法对买卖双方较为公平合理，被广为采用。

如果装运港（地）的检验结果与目的港（地）的检验结果不符，通常是装运港（地）的检验报告认为所交货物符合合同规定，而目的港（地）的检验报告认为所交货物与合同规定不符，并且这种不符不是由于船方、保险公司或其他方的责任造成的，此时国际上存在不同观点,对此《公约》第36条规定,"(1)卖方应按合同和本公约的规定,对风险转移到买方时所存在的任何不符合合同的情形负有责任,即使这种不符合合同的情形在该时间后方始明显;(2)卖方对上一款所述时间后发生的任何不符合合同的情形,也应负有责任,如果这种不符合合同的情形是由于卖方违反他的某项义务所致,包括违反关于在一段时间内货物将继续适用于其通常使用的目的或某种特定目的,或将保持某种特定质量或性质的任何保证。

也就是说,当买方收到货物并检验货物后,若发现不符合合同规定,且证明这种不符合合同规定的情形在转移风险时就已存在,而非由于在运输途中发生的自然灾害、意外事故或外来原因所造成的,卖方应对此负责。

(二) 复验权

复验权就是指货物运抵目的港后,买方于何时何地对货物实施检验。英国《1893年货物买卖法》中规定,"除另有约定者外,当卖方向买方交货时,根据买方的请求,卖方应向其提供一个检验货物的合理机会,以便能确定其是否符合合同的规定。"也就是说,卖方应允许买方有一段合理的时间对货物进行检验,检验地点通常应在买方的营业处所,同时,不能把买方检验货物当作买方已接受货物。

《公约》第38条规定,"(1)买方必须在按情况实际可行的最短时间内检验货物或者由他人检验货物;(2)如果合同涉及货物的运输,检验可推迟到货物到达目的地后进行;(3)如果货物在运输途中转运或买方需再发运货物,没有合理机会加以检验,而卖方在订立合同时已知道或理应知道这种转运或再发运的可能性,检验可推迟到货物到达新目的地后进行。"

(三) 商检机构

1. 境外商检机构

境外商检机构名目繁多,如公证鉴定人(Authentic Surveyor)、宣誓衡量人(Sworn Measurer)、公证行、鉴定公司及实验室等。如按商检机构的业务范围划分,可分为综合型及专业型两大类。前者业务范围广,包括不同类型的商品和较多的检验项目;后者则是专门对某一类商品的某种性能做出检验,业务范围较专业,如产品消费安全检验、卫生检疫等。

商检机构根据其性质也可分为由国家设立的官方机构(如美国食品药品监督管理局、美国谷物检验署、罗马尼亚商品检验局、中国国家质量监督检验检疫总局等)及非官方机构两种。在非官方机构中,有的是私人或同业公会等开设的公证行。有些私人或同业公会、协会的检验机构,受所在国政府的委托也办理一些法定检验工作,如美国的"担保人实验所"(Underwriters Laboratory, UL)。美国政府规定,所有电气产品需经过 UL 检验，检验合格后贴上"UL"标签后方可进入市场，"UL"检验实际上是产品消费安全检验。又如日本的谷物鉴定协会，也同样受日本政府的委托，办理谷物类商品的法定检验。有的检验机构是由生产企业或使用单位设立的，如英国的劳合氏公证行（Lloyd's Surveyor）和瑞士的日内瓦通用鉴定公司（Societe Generale de Surveillance Holding S. A. S. G. S.）。

2. 我国的商检机构及其职能

关于我国的商检机构需要划分一个基本的时间点——2018 年 3 月，在此之前，中华人民共和国国家质量监督检验检疫总局主管全国的进出口商品检验工作。国家质量监督检验检疫总局设在省、自治区、直辖市以及进出口商品的口岸、集散地的出入境检验检疫局及其分支机构，管理所负责地区的进出口商品检验工作。2018 年 3 月，国务院所属机构改革，部分机构职能进行调整，原国家质量监督检验检疫总局的出入境检验检疫管理职责和队伍划入海关总署，所以说，海关总署是当前我国进出口商品检验的官方机构。

海关总署根据保护人类健康和安全、保护动物或者植物的生命和健康、保护环境，制定、调整《出入境检验检疫机构实施检验检疫的进出境商品目录》（以下简称《目录》）。海关总署对列入《目录》的进出口商品以及法律、行政法规规定须经海关总署检验的其他进出口商品实施检验。

3. 商检的种类、方法和依据

（1）商品检验的种类。商品检验按实施检验的内容可分为品质检验、重量检验、数量检验、包装检验、卫生检验、安全性能检验、残损鉴定等。

（2）商品检验的方法和依据。在商检实践中，检验方法和依据至关重要，同样的商品，如果用不同的检验方法将得到不同的结果。因此，应明确规定检验方法。

检验依据是检验进出口商品的依据，也是据以衡量进出口货物是否合格的标准。我国商检机构对进口商品的检验依据是：按外贸合同中对品质、规格、包装条件和抽样、检验方法的具体规定办理。若以样品成交的，样品视为合同中不可分割的部分，应按照成交样品对照检验；若外贸合同未做规定或规定不具体，一般按照生产国的现行标准进行检验。若无生产国现行标准，则按国际上通用的标准进行检验。若合同中规定按卖方所提供的生产厂商的技术标准或其他技术资料进行检验，而卖方又不及时提供时，应由报验人联系外贸公司向其追索，并向对方声明，索赔的有效期应按收到资料之日算起。如卖方拒不提供，商检机构有权选择认为适用的检验标准。

按国家有关规定，我国商检机构对出口商品的检验依据是：按贸易合同的有关规定进行检验；若贸易合同未规定或规定不明确，则按国家标准进行检验；若无国家标准，则按部颁标准，无部颁标准时，按企业标准进行检验；若该出口商品尚无标准，一般参照同类商品的标准进行检验；对于按我国标准检验的出口商品，若现有标准规定内容不适应或不完全适应外销的，可按生产厂家、外贸部门和商标机构商定的标准进行检验；商检部门在选择检验标准时，还应考虑国际惯例和进口国的有关法令。

第二节 商检证书

一、商检证书的作用

进出口商品经检验机构检验后，由该检验机构出具的有关检验结果的证明文件称为商检证书（Inspection Certificate）。商检证书是国际贸易中具有法律约束力和经济效用的重要单证，是证明交易双方履行契约义务和解决争议、索赔的重要依据。它主要用于货物的交接与结算、议付货款、通过关境、计征关税、计算运费、明确责任、办理索赔等。

二、商检证书的种类

进出口业务中，商检证书的种类很多，根据其作用，可分为以下几种：

（1）品质检验证书（Inspection Certificate of Quality），证明进出口商品的品质、规格或等级。

（2）重量检验证书（Inspection Certificate of Weight），证明进出口商品的重量。

（3）数量检验证书（Inspection Certificate of Quantity），证明进出口商品的数量、长度及面积等。

（4）兽医检验证书（Veterinary Inspection Certificate），证明出口的动物产品和动物在出口前经过兽医检验，符合检疫要求。

（5）卫生（健康）检验证书（Sanitary Inspection Certificate 或 Inspection Certificate of Health），证明出口的食品、动物产品未受传染疫病感染，可供食用和符合卫生标准。

（6）消毒检验证书（Disinfection Inspection Certificate），证明出口动物产品已消过毒。

（7）产地检验证书（Inspection Certificate of Origin），也称为原产地证书，证明某些出口产品的原产地。对于给予我国普惠制待遇的国家，由我国商检局签发普惠制产地证。

（8）残损检验证书（Inspection Certificate on Damaged Cargo），证明进口商品的残

损情况，估定残损程度，判断致损原因。

（9）价值检验证书（Inspection Certificate of Value），证明进出口商品的实际价值。在实际业务中，买卖双方应根据成交货物的种类、性质、有关国家的法律和行政法规、政府的涉外经济贸易政策和贸易习惯等来确定卖方应提供何种检验证书，并在买卖合同中予以明确。

（10）货载衡量证书（Certificate of Measurement or Weight），证明所载货物的重量或体积。

（11）普遍优惠制原产地证书（Generalized System of Preference Certificate of Origin）。普遍优惠制度（Generalized System of Preferences，GSP），简称普惠制，是发达国家给予发展中国家出口制成品和半成品（包括某些初级产品）的一种普遍的、非歧视的、非互惠的关税优惠制度。进口国进口商如要享受这一优惠待遇，需持有发展中国家官方机构签署的原产地证书，以证明出口的商品确是本国生产制造。我国是发展中国家，从1978年开始接受普惠制待遇。大多数给惠国家都接受普惠制原产地证书格式A（Form A），作为优惠待遇的证明。此外，还有验舱、监装、监卸、积载鉴定、测温、舱口检视、载损鉴定、集装箱鉴定、生丝品级和公量、熏蒸及放射性等证明书。

第三节 合同中的商检条款

商检条款是合同的重要条款。在订立商检条款时，应明确规定检验时间与地点、检验机构名称、索赔期限、复验地点与复验期限、复验机构和费用、复验标准与方法等，要充分体现平等互利的原则。

一、出口合同中的商品检验条款

在出口业务中，应争取采用以我国商检机构在装运港所签发的商检证书作为交货品质的最后依据。合同中可规定："双方同意以装运港海关所签发的品质数量检验证书为最后依据，对双方具有约束力"。

如果买方不同意以上条款，可采用以装船前装运港海关签发的检验证书作为向银行议付货款的依据，货物到达目的港后，允许买方有复验权，并可以目的港的检验证明作为索赔依据的规定办法。合同中可规定如下"双方同意以装运港中国进出口商品检验局签发的品质和数量（重量）检验证书，作为信用证项下议付所提出单据的一部分。买方有权对货物的品质和数量（重量）进行复验。复验费用由买方负担。如发现品质或数量（重量）与合同不符，买方有权向卖方索赔，但必须提供经卖方同意的公证机构出具的检验报告。索赔期限以货物到达目的港 X 天为限。"

二、进口合同中的商检条款

在进口合同中，商品检验条款通常规定如下：

双方同意以制造厂（或×公证行）出具的品质和数量（重量）检验证明书，作为有关信用证项下付款的单据之一。但货物的品质和数量（重量）的检验应按下列规定办理：

货到目的港 X 天内经海关复验，如发现品质和或数量（重量）与合同规定不符时，除属保险公司或船公司的责任外，买方凭海关出具的检验证书，向卖方提出退货或索赔。所有退货或索赔引起的一切费用（包括检验费）及损失，均由卖方负担。在此情况下，如抽样可行的话，买方可应卖方要求，将有关货物的样品寄给卖方。

本章小结

本章主要讲述了商品检验的内涵、商检条款内容以及主要商检证书的作用。在国际贸易买卖中，凡未经检验的进口商品，不准销售、使用；凡未经检验合格的出口商品，不准出口。这反映出商品检验在对外贸易中的地位及其重要性。有的国家把买方检验货物的权利以立法的形式予以支持和保护。《联合国国际货物销售合同公约》则规定，"买方必须在按情况实际可行的最短时间内检验货物或由他人检验货物"；还规定，"如果合同涉及货物的运输，检验可推迟到货物到达目的地后进行"。由此可见，商品检验及合同中的检验条款，对于促进商品买卖业务的顺利进行，是不可缺少的。

【课后思考】

1. 试述商品检验的含义及其在国际贸易中的作用。
2. 何谓买方的检验权？各国法律对买方的检验权有哪些主要规定？

第十一章 索赔、仲裁与不可抗力

【学习目标】
1. 了解索赔、仲裁与不可抗力在国际贸易中的作用。
2. 掌握索赔条款的内容与规定方法。
3. 熟悉仲裁的内涵与性质。
4. 掌握不可抗力的内涵、性质与规定方法。

在进出口贸易合同的履行过程中，由于时间长、环节多，买卖双方时常会在彼此间的责任与权利问题上产生各种各样的争议。为预防争议的发生，以及在争议发生之后能及时获得妥善的处理，在交易磋商过程中，买卖双方往往要考虑索赔、仲裁及不可抗力等问题，并订入合同中。与前面我们介绍的条款不同的是，买卖双方在这几个问题上往往容易取得一致意见，个别的甚至已形成一些公认的做法（如不可抗力）。因此，这些条款常被印就在固定格式的合同中，一些经常有贸易往来的客户有时还把本章介绍的几个条款连同第十章的商检拟定成"一般交易条件"，供双方今后交易时作为依据，而不再一一磋商。但是，在与初次往来的客户或信誉欠佳的客户进行贸易往来时，为防止引起不必要的纠纷，对索赔、仲裁及不可抗力等仍需认真细致地进行磋商，并在合同中具体明确地订明。

第一节 争议、索赔与理赔

一、争议

在国际贸易中,争议(Dispute)是指交易的一方认为对方未能全部或部分地履行合同规定的责任与义务所引起的纠纷。

在业务过程中,交易双方引起争议的原因多种多样,大致可概括成以下几种情况:

(一)卖方违约

卖方违约主要有不按期交货、拒不交货,或所交商品的品质、规格、数量、包装等中的一种或几种与合同(或信用证)规定不符,或所提交的单据种类不齐或份数不足等。

(二)买方违约

在信用证支付方式下,买方违约表现为不按期开证或不开证、不付款赎单、无理拒收单据或货物;在 FOB 价格条件下,买方违约表现为买方未按合同规定派船接货等。

(三)买卖双方对合同的理解和解释不一致

由于合同条款的规定欠明确,以致买卖双方对合同是否成立产生不同看法等也同样可能会引起争议。

从违约的性质来看,争议产生的原因有两个:一是当事人一方或双方的故意行为导致违约而产生争议;二是由于当事人一方或双方的疏忽、过失或业务生疏而引起争议。此外,对合同义务重视不足,时常也是导致纠纷的原因之一。

实际过程中,交易双方争议的内容主要表现在两个方面:一方面,是否已经构成违约,即买卖双方对违约的事实有争论;另一方面,对违约责任和后果有不同看法,这种情况时常表现为违约方有意缩小违约的责任与后果,而受损方则有意扩大和夸张违约的责任和后果。

二、不同法律对违约后果的不同解释

所谓违约(Breach of Contract),从前述分析可知,它是买卖双方之中,任何一方

违反合同规定的义务的行为。而买卖合同本身是对缔约双方具有法律约束力的文件。一方违约就应承担违约责任，而受损方（Injured Party）则有权根据合同或有关法律提出损害补偿的要求，这是国际贸易中普遍遵循的原则。而实际过程中发生的违约行为多种多样，由此引起的后果也各不相同，且与其有关的法律、规定及惯例等对违约的后果、处理方法及对它们的解释上，均有或多或少的差异，故有必要熟悉和了解一下这方面的知识。

（一）违反要件（Breach of Condition）与违反担保（Breach of Warranty）

违反要件是英国法律的规定。

英国《1893年货物买卖法》第11条第（3）款对"要件"与"担保"的解释，可以将二者分别概括为：

违反要件是指"违之将导致拒绝履行合同的条件"，而违反担保是指"违之将导致向对方主张损害赔偿，但无权拒收货物，并拒绝履行合同"。

但需要注意的是，何为要件、何为担保，该法并未做出具体规定，而仅指出，"在具体案例中要根据对合同的解释判断是要件还是担保，而且某一规定可能是要件条款，尽管其在合同中被称作担保条款"。

不过，该法第11条第（4）款规定，"对于不可分割的合同，且买方已接受全部或部分货物由卖方完成的违反要件仅能被视为违反了担保，不得将之作为拒绝货物并拒绝履行合同的理由，除非另有明示或默示的合同条款对此做出了规定"。

该法第53条进一步规定："如果卖方违反了担保条款，或是买方选择（或是被强迫）把卖方违反要件看作违反担保条款，买方不能仅因为该担保条款的违反而拒绝接受货物"，而只能"（a）提出卖方因价格的减少而违反了担保条款，或（b）对卖方提起诉讼，向卖方主张违反担保条款的损害赔偿"。

对于赔偿金额，该法第53条第（2）款规定"违反合同的担保条款的损害赔偿额应估计为，违反担保的行为在一般情况下所造成的直接且必然的损失"。

纵观英国货物买卖法，其虽未明明确界定何为要件、何为担保，但纵观该法全文，可以发现，违反要件包括违反合同的主要条款如品质、数量及交货期等，此时，受损方有权要求解除合同；而违反担保则是指违反合同的次要条款，此时，受损方有权要求损害赔偿，但不得要求解除合同。

（二）根本性违约（Fundamental Breach）和非根本性违约（Non‐fundamental Breach）

《公约》第25条规定，"一方当事人违反合同的结果，如使另一方当事人蒙受损害，以致实际上剥夺了他根据合同规定有权期待得到的东西，即为根本违反合同，除非违反合同一方并不预知而且一个同等资格、通情达理的人处于相同情况中也没有理由预知这种结果。"

据此，可得出如下结论：根本性违约是指给一方当事人造成实质性损害，并且是另一方当事人主观行为所造成的违约。如卖方拒不交货，或买方无理拒收货物、拒付货款等。《公约》第49条第（1）款规定"买方在以下情况下可以宣告合同无效：（a）卖方不履行其在合同或本公约中的任何义务，等于根本违反合同；（b）《公约》第47条第（1）款规定'买方可以规定一段合理时限的额外时间，让卖方履行其义务'，卖方未在该额外时间内交付货物，或卖方声明他将不在所规定的时间内交付货物"。

与此同时，第51条第（2）款明确指出，"买方只有在完全不交付货物或不按照合同规定交付货物等于根本违反合同时，才可以宣告整个合同无效。"若违约情形尚未达到根本违约程度，则为非根本性违约，此时受损方只能要求损害赔偿而不能解除合同。但需注意若因为不可抗力原因导致一方违约，则违约方可以免责。

综上所述，英国《1893年货物买卖法》与《公约》对违约的区分是不同的，前者是从合同条款本身或者是由双方当事人的意思来推定的，而后者则是从违约的后果及其严重性来判断的。但两者对违约的法律后果所做的规定却基本相同。

三、索赔与理赔的含义

涉及国际货物买卖的索赔主要有三种情形，即货物买卖索赔、运输索赔及保险索赔。国际货物买卖合同中，买卖双方关注的是货物买卖索赔。

买卖合同是确定买卖双方权利、义务的法律依据，无论是哪一方违反合同规定的义务，在法律上均构成违约，并需向受损方承担赔偿的责任。这种遭受损害的一方在争议发生之后，向违约方提出赔偿要求的行为即称为索赔（Claim），法律上称其为主张权利，即受损方因对方违约而根据合同或法律提出予以补救的主张。而理赔则是违约方对受损方提出的赔偿要求的受理与处理。在同一笔争议案件中，索赔和理赔是一个问题的两个方面，在受损方是索赔，在违约方是理赔。

在进出口业务中，买卖双方均可能发生对外索赔、对外理赔的情况，但索赔更多地发生在进口方，理赔则更多地发生在出口方。同时，也需注意，索赔和理赔并非国际贸易活动必不可少的环节，只要我们能认真抓好各个环节的工作，如认真选择交易对象、明确规定合同条款，同时签约后认真履行合同，在合同执行过程中发现问题及时妥善处理，是可以防止或减少索赔、理赔事件发生的。

四、买卖合同中的争议、索赔条款

为确保发生争议时能及时处理好索赔、理赔工作以及明确违约责任，在买卖合同中一般仍要订立专门的争议、索赔条款。业务中，这种条款的规定方式有以下两种：

一是异议和索赔条款（Discrepancy and Claim Clause）；二是罚金条款（Penalty Clause）。其中前者适用于一般商品的买卖合同，且时常与商检条款订在一起；后者则主要适用于大宗商品和机械设备的买卖合同中，作为对异议或索赔条款的补充。

（一）异议和索赔条款

该条款除明确规定一方违约时另一方有权提出索赔外，通常还包括索赔依据、索赔期限、赔偿方法及赔偿金额等项内容。

1. 索赔依据

索赔依据又称索赔应具备的条件，主要是指索赔时需具备的证据及出证机构，具体包括法律依据和事实依据两个方面。其中法律依据指的是原来双方签订的买卖合同及有关法律规定或惯例；事实依据指的是违约的事实真相及其书面证明，以证实违约的真实性。索赔时受损方提供的单据应齐全，出证机构应合法。

2. 索赔期限

索赔期限是索赔方向违约方提赔的有效时限，如逾期索赔，对方可不予受理。故对此应根据商品的具体情况做出明确而合理的规定。

以上两项内容对争议双方很关键，最好在合同中明确规定，并与检验条款相结合。

3. 赔偿方法与赔偿金额

赔偿方法与赔偿金额的具体情况比较复杂，故绝大多数情况下只在合同中做一些比较笼统的规定。然后在违约事实成立后，再由贸易双方对具体的赔偿办法及赔偿金额做出具体的规定。

异议和索赔条款举例如下：

品质异议需于货到目的港之日起30天内提出，数量异议需于货到目的港之日起15天内提出，但均需提供经卖方同意的出证行的检验证明，如责任属于卖方，卖方于收到异议20天内答复买方并提出处理意见。

（二）罚金条款

罚金条款规定在合同执行过程中，一方如未履行或未完全履行合同所规定的义务时，应向对方支付一定数额的罚金，以补偿受损方的损失。罚金又称"违约金"或"罚则"。

业务中，罚金条款主要针对当事人未按期履约的情形，如卖方未按期交货或买方未按期派船、开证等。主要内容是规定罚金或违约金的数额以补偿对方的损失。罚金的支付并不解除违约方继续履约义务，因此，违约方除支付罚金外，仍应履行合同义务，如因故不能履约，则另一方在收受罚金之外，仍有权索赔。

英美法系国家的法律，只承认损害赔偿，不承认对于带有惩罚性的罚金。故在与英、美、澳等国贸易时，应注意约定的罚金的合法性。罚金条款常用于大宗商品或成套设备的合同中。

五、对外索赔、对外理赔的手续及应注意的问题

（一）对外索赔

对外索赔的手续及应注意的问题如下：

（1）查明造成损害的事实，分清责任，备妥必要的索赔单证。

（2）填写索赔清单，正确决定索赔的项目和要求索赔的金额。

（3）认真制定好索赔方案。

（4）及时向外商提出索赔。

（5）根据案情具体情况，灵活选择解决争议的途径。

在对外贸易中，买卖双方如发生争议，处理的方式有：友好协商、仲裁和诉讼。

（二）对外理赔

对外理赔的手续及应注意的问题如下：

（1）认真细致地审核外商提供的全部索赔单证，主要包括：出证机构的合法性、检验标准和方法的合理性、内容是否与合同所规定的内容有出入，以防对方弄虚作假，在发现问题时应立即予以查明或拒赔。

（2）合理确定损失和赔付办法。

第二节 仲裁与诉讼

在国际贸易中，虽然买卖双方已在交易合同中规定了双方必须履行各自承担的义务，但由于交易双方分处于不同国家（地区），合同履行在很大程度上受自然条件及各国的政治、经济等因素的影响，情况复杂多变。故在合同执行过程中出现这样或那样的争议，在所难免。故采取何种方式，公平合理地处理对外贸易过程中发生的各种争议，就成为一个十分重要的问题。

对于对外贸易过程中发生的争议，国际上的习惯做法有三种：协商和解、仲裁和诉讼。

一、协商和解

协商和解（Settlement by Agreement）是指争议发生后，由双方当事人进行友好磋商，各自均做出一定让步，在双方认为可以接受的基础上达成和解协议，消除纷争。

如由违约的一方付给对方一定数额的金钱作为赔偿，或补交一批合格的货物替换不合规定的货物，或承诺在下次交易中在价格或供货品种、数量上给对方某些照顾或优惠，以补偿损失等。

采用这种方法，无须经过仲裁或司法诉讼程序，可省去仲裁和诉讼的麻烦及费用，气氛较和善、友好，有利于双方今后业务的进一步发展。

故在多数情况下，买卖双方遇有争议时，一般都愿先进行友好协商，宁愿做出一定的让步，承担一定损失，以求得争议友好解决，而不愿进行仲裁，或向法院提出诉讼。在我国外贸实践中，绝大部分争议多采取友好协商方式解决。

业务中的协商和解有两种不同的做法：一是由争议双方当事人直接进行协商，达成和解，无第三者介入；二是由第三者出面从中调停，促进双方当事人达成和解，这种做法习惯称为调解（Conciliation）。调解工作通常是在有关国家的仲裁机构主持或协助下进行的。近年来以调解方式解决外贸争议的做法有了新的进展，许多国家的仲裁机构越来越重视调解的作用。为推广采用调解方式解决国际贸易争议案，国际商会制订了《国际商会调解与仲裁规则》（Rules of Arbitration of the International Chamber of Commerce，1988年1月1日生效）。在某些情况下，双方当事人虽经协商或调解，但仍不能达成和解协议，如争议金额较大，双方都不肯做出太大的让步，或者一方有意毁约，根本没有协商解决问题的诚意，或双方各执一端，相持不下，虽经反复协商，仍无法消除纷争等。遇到上述这些情况，就需采取其他方法来解决，或者是进行仲裁，或者是向法院起诉。

二、仲裁

（一）仲裁与对外贸易仲裁

仲裁（Arbitration）是指双方当事人在争议发生前或发生后达成书面协议，自愿把通过协商不能解决的有关争议提交给双方同意的第三者进行裁决（Award），裁决的结果对双方都有约束力，双方都需遵照执行，且不得另向法院申诉。仲裁程序比较简便，费用较少，处理问题迅速且气氛好，同时还具有一定的法律效果。正因为如此，通过仲裁来解决对外贸易争议（对外贸易仲裁）已成为当前国际贸易中普遍采用的方式。

（二）仲裁协议

1. 仲裁协议的含义与作用

仲裁协议（Arbitration Agreement）是双方当事人表示愿意把它们之间的争议交付仲裁机构解决的一种书面协议。

实践中，仲裁协议具有三个方面的作用：①表明双方当事人是自愿提交仲裁的；②作为仲裁机构或仲裁员受理争议案件的法律依据，任何仲裁机构都无权受理无仲裁协议的案件，这是仲裁的基本原则；③可排除法院对该争议案件的管辖权。

2. 仲裁协议的形式

仲裁协议的形式有两种：一是在争议发生之前就已达成并将其订进买卖合同的仲裁条款（Arbitration Clause）；二是在争议发生之后双方当事人订立的"提交仲裁的协议"（Submission to Arbitration Agreement）。仲裁协议可以正式书面文件形成，也可通过来往函件、电报或传真达成。

关于这两种形式的仲裁协议在法律上的效力是否有所区别，特别是在合同中已订有仲裁条款的情况下，当发生争议需要进行仲裁时，是否仍需另拟一项提交仲裁的协议，各国法律上存在一些分歧。《中国国际经济贸易仲裁委员会仲裁规则》（2015年1月1日起施行）承认这两者的作用与效力是完全相同的。目前国际上也倾向取消这两者之间的区别而认为两者具有同等法律效力。

3. 仲裁条款

仲裁条款的内容繁简不一，但一般应包括仲裁地点、仲裁机构、仲裁程序、仲裁决的效力及仲裁费用等。需要注意的是，仲裁条款是与合同中其他条款分离的、独立存在的条款，合同的变更、解除、终止、失效或无效以及存在与否，均不影响仲裁条款的效力，即合同中的仲裁条款独立于合同。

（1）仲裁地点。仲裁地点与仲裁时适用的仲裁程序或法律关系密切，故仲裁地点是仲裁条款最核心的内容。

一般而言，交易双方都力争在自己比较了解和信任的国家进行，尤其是在本国进行仲裁。在我国对外贸易中一般力争在我国进行仲裁，但也可选择在被告国或双方同意的第三国进行仲裁。

（2）仲裁机构。目前国际上受理贸易争议的仲裁机构一般有两种形式：一是常设仲裁机构，二是临时性仲裁机构或仲裁庭。

常设仲裁机构又可细分为以下三类：

第一类，国际性或区域性的仲裁组织。如设在巴黎的国际商会仲裁院。

第二类，全国性的仲裁机构。如美国仲裁协会、瑞典斯德哥尔摩商会仲裁院、瑞士苏黎世商会仲裁院及我国的中国国际经济贸易仲裁委员会等。

第三类，附设于某个特定行业内的专业性仲裁机构。如美国谷物协会等工商行业组织内设立的仲裁机构。

临时仲裁庭是为解决特殊的贸易争议，临时由双方当事人指定的仲裁员自行组成的仲裁机构，案件处理完毕即自动解散。

由于常设的仲裁机构与临时的仲裁庭相比，不仅有相对稳定的机构、仲裁人员和管理人员，而且能在仲裁过程中提供较多方便，因而国际贸易中绝大多数仲裁案件是在常设仲裁机构主持下进行仲裁的。故我们在仲裁条款中，一般都决定由双方同意的常设仲裁机构仲裁。

（3）仲裁程序。仲裁程序主要规定进行仲裁的具体手续和做法，其中包括如何提出仲裁申请、如何进行答辩、如何指定仲裁员、怎样审理仲裁案件、如何做出仲裁及裁决的效力等内容。仲裁程序的作用主要是为当事人和仲裁员提供一套进行仲裁的行动准则，以便在仲裁时有所遵循。

各国仲裁机构均自行制定了仲裁程序规则。故仲裁机构一经选定，仲裁程序即确定。但有的仲裁机构，如瑞典斯德哥尔摩商会仲裁院受理案件时，允许当事人选定联合国国际贸易法委员会所制定的仲裁规则进行仲裁。

（4）仲裁裁决的效力。仲裁裁决的效力是终局性的，即仲裁裁决对双方当事人均具有约束力，双方均需自觉执行仲裁裁决，任何一方都不可向法院或其他机关提出变更仲裁裁决的要求。但有些国家允许当事人上诉，此时法院只审查程序，不审查实体，即只审查仲裁裁决在法律手续上是否完备，而不审查仲裁裁决在议定事实或适用法律方面是否正确。

（5）仲裁费用。至于仲裁费用，一般都规定由败诉一方负担，或规定按仲裁裁决办理。

三、诉讼

诉讼（Litigation）是指在争议发生后，如买卖双方不能通过友好协商或仲裁解决，有关当事人依法通过法院进行审理。它虽不像仲裁那样普遍采用，但也是一种常见的方式。

与仲裁相比，诉讼具有以下特点：

（1）诉讼时当事人无权指定法官，而只能由法院自行决定。但仲裁时却可由贸易双方协商指定双方均较信任的仲裁机构和仲裁员。

（2）通过法院诉讼所花时间一般较长，断案较难。而仲裁人员往往都是国际经济贸易和法律方面的专家，他们精通贸易业务，处理纠纷迅速、及时，具有权威性。

（3）诉讼时，贸易双方处于原告和被告的对峙位置，气氛较紧张，不利于今后双方贸易关系的进一步发展。而仲裁时，气氛较好，贸易双方并不处于对峙状态，不至于造成贸易双方因为仲裁而彻底破坏关系，有利于今后进一步进行贸易往来。

（4）诉讼手续复杂、费用高。而仲裁的手续较简便，费用低。

（5）诉讼方式下，如不服，允许上诉。但仲裁裁决一般都是终局性的。故在国际贸易中，用仲裁方式解决贸易争议的方法越来越得到广泛使用，并形成了一些仲裁制度或公约。当然在贸易争议不能通过友好协商或仲裁方式解决时，诉讼是一种解决贸易争议的比较有效的方式。

第三节 不可抗力

一、不可抗力条款的含义

不可抗力（Force Majeure）条款是免责条款。它是指在买卖合同中订明如当事人一方因不可抗力事件发生导致违约，可以免除其全部或部分的责任，或免除其迟延履约的责任，且另一方当事人不得对此要求损害赔偿。

二、不可抗力事件的认定

对不可抗力事件，《公约》第79条第（1）款规定，"不可抗力事件是指非当事人所能控制，而且没有理由预期他在订立合同时所能考虑到或能避免或克服它或它的后果而使其不履行合同义务的障碍。"

英美法系中有"合同落空"（Frustration of Contract）原则的规定，其意思是说合同签订后，不是由于双方当事人自身的过失，而是由于事后发生了双方意想不到的根本性的不同情况，致使订约目的受到挫折，据此而未履行的合同义务，当事人得以免除责任。否则，就不能构成"合同落空"。在大陆法系国家的合同中有"情势变迁"或"契约失效"原则的规定，其意思也是指不属于当事人的原因发生了预想不到的变化，致使合同不可能再履行，对原来的法律效力需做相应的变更。不过，法院对于以此原则为理由请求免除履约责任的要求是很严格的。

综上所述，尽管国际贸易中不同法律、法规对不可抗力的确切含义在解释上并不统一，但由此仍可以归纳出构成不可抗力事件应具备以下条件：

（1）事件发生在合同订立之后。

（2）事件不是由于任何一方当事人故意或过失引起，而是偶发的和异常的。

（3）事件的发生及其后果是当事人无法预见、无法控制、无法避免和不可克服的。

不可抗力的意外事故通常包括两种情况：一种是由于"自然力量"引起的，如水灾、火灾、暴风、大雾、地震等；另一种是由于"社会力量"引起的，如战争、罢工、政府禁令等，其中，对于前者引起的各种灾害，国际上的解释比较一致，但对后者在解释上却存在不少分歧。如在美国，习惯认为"不可抗力"事故仅指由于自然力量所引起的意外事故，而不包括由于社会力量所引起的意外事故，故美国的贸易合同中往往使用"意外事故条款"（Contingency Clause），而不使用"不可抗力"。此外，有些国家虽承认不可抗力事件同时包括上述两种情况，但对其具体范围也有不同的解释。因此对于不可抗力事件的认定必须慎重且与正常的贸易风险严格区别开来，同时最好在合同中将不可抗力事件明确表明。

三、不可抗力事件发生后对合同的处理

不可抗力事件所引起的后果，主要有两种：一种是免除不履行合同的责任，另一种是免除延迟履行合同的责任。究竟何时可不履约，何时只能延迟履约，需视不可抗力事件对履约的影响程度而定，或由买卖双方在合同中事先进行具体规定。如果合同没有明确规定，一般解释是：如果只是部分地或暂时阻止履约，就只能暂时中止合同，不可抗力事件消除后仍需履约；反之，事件的发生已影响到履约的根本基础，使履约成为不可能，则可允许不履约。如：因地震破坏了交通干线，影响了货物的运输，一般只能暂时中止合同，推迟履约，一旦交通恢复，仍需履约。

四、买卖合同中的不可抗力条款

（一）不可抗力条款的内容

不可抗力条款的内容一般包括：不可抗力事件的范围、不可抗力事件的后果、出具事件证明的机构及发生事件后通知对方的期限和方式等。

1. 不可抗力事件的范围

这是不可抗力条款中的一项重要内容，直接关系到买卖双方的利益，是买卖双方在签订合同时经常发生争议的问题，在磋商和规定不可抗力条款时，需慎重对待。具体应做到以下几点：①要根据国家的方针政策，不能把政策不允许的内容列入不可抗力事件范围；②要防止国外商人，特别是当国外卖方一旦发生对其履约不利的情况时，尽量扩大不可抗力的范围来推卸责任；③不要把诸如"参照习惯的不可抗力条款"等一些含混不清、不可抗力范围无确定性的词句订入不可抗力条款。

2. 不可抗力事件的后果

对于不可抗力事件的后果，应明确规定在哪些情况下应当免除不履行合同的责任，在哪些情况下只能延迟执行。

3. 出具事件证明的机构

我国的进出口合同中一般都规定：如我方提出时，由中国国际贸易促进委员会出具；如对方提出时，由当地的商会或登记的公证人员出具。

4. 不可抗力事件发生后通知对方的期限

原则上发生不可抗力事件的一方要及时通知另一方。对方也应于接到通知后及时答复，如有异议也应及时提出。

本章小结

本章主要讲述了国际货物买卖合同中有关争议的预防和处理的各个条款，包括索赔、仲裁与不可抗力条款的相关知识。

索赔条款通常有两种规定办法：一种是异议与索赔条款；另一种是罚金条款。

合同中的仲裁条款一般包括仲裁地点、仲裁机构、仲裁规则、仲裁裁决的效力等内容。

不可抗力是指合同签订后发生了订约当事人既不能预见、也无法预防或控制的意外事故，致使合同不能履行或不能如期履行。不可抗力的后果有两种：一是解除合同；二是延期履行合同。

【课后思考】

1. 在国际贸易中，产生争议的原因有哪些？
2. 异议和索赔条款的主要内容有哪些？
3. 试述不可抗力事故引起的后果。

参考文献

[1] 国际商会（ICC）. ICC 跟单信用证统一惯例（2007 年修订本）[S]. 国际商会中国国家委员会，译. 北京：中国民主法制出版社，2003.

[2] 黎孝先，王健主编. 国际贸易实务[M]. 6 版. 北京：对外经济贸易大学出版社，2017.2.

[3] 卓骏编著. 国际贸易理论与实务[M]. 4 版. 北京：机械工业出版社，2016.7.

[4] 陈岩编著. 国际贸易理论与实务[M]. 北京：机械工业出版社，2012.7.

[5] 尤宏兵编著. 国际贸易实务[M]. 北京：人民邮电出版社，2016.6.

[6] 李文臣编著. 国际贸易实务[M]. 北京：科学出版社，2008.

[7] 薛荣久编著. 世界贸易组织[M]. 北京：高等教育出版社，2003.

[8] 佟家栋，周申. 国际贸易学——理论与政策[M]. 北京：高等教育出版社，2003.

[9] 冷柏军编著. 国际贸易实务[M]. 北京：对外经济贸易大学出版社，2005.

[10] 石玉川. 国际贸易方式[M]. 北京：对外经济贸易大学出版社，2002.

[11] 李月娥，李永. 国际贸易理论与政策[M]. 上海：立信会计出版社，2005.

[12] 李红等. 国际贸易理论与实务经典案例[M]. 南京：南京大学出版社，2012.

[13] 姚新超. 国际贸易运输[M]. 北京：对外经济贸易大学出版社，2003.

[14] 朱钟隶，郭羽诞，兰宜生. 国际贸易学[M]. 上海：上海财经大学出版社，2003.

[15] 刘朝明. 国际贸易[M]. 重庆：重庆大学出版社，2002.

[16] 贾建华，阙宏. 新编国际贸易理论与实务[M]. 3 版. 北京：对外经济贸易大学出版社，2012.

［17］姚新超．国际贸易惯例与规则实务［M］．3版．北京：对外经济贸易大学出版社，2012．

［18］黎孝先．国际贸易实务［M］．4版．北京：对外经济贸易大学出版社，2007．

［19］顾寒梅．国际货运风险与保险［M］．3版．北京：对外经济贸易大学出版社，2013．

［20］仇荣国．国际贸易实务［M］．2版．北京：电子工业出版社，2014．